Welsh
Rules
Exercises

Welsh Rules

Exercises

HEINI GRUFFUDD

y Lolfa

First impression: 2003
Second impression: 2009
© Heini Gruffudd and Y Lolfa

The original Welsh version was commissioned with the financial assistance
of the Qualifications, Curriculum and Assessment Authority for Wales.

Cover photograph: Arvid Parry Jones

ISBN: 0 86243 711 3

Printed and published in Wales
by Y Lolfa Cyf., Talybont, Ceredigion SY24 5AP;
e-mail ylolfa@ylolfa.com
website www.ylolfa.com
phone (01970) 832 304
fax (01970) 832 782
isdn 832 813

FOREWORD

There are around 2,000 exercises in this book. Some of them are in the grammar book, *Welsh Rules,* but most are specific to this publication. This book can be used either in conjunction with *Welsh Rules* or independently.

All the exercises are 'closed' i.e. only one answer is possible. Nevertheless, some variation is possible, e.g. using 'fe' to introduce a verb, or using different verb forms. One possible answer to each exercise is given at the back of the book. Some open-ended exercises are included in *Welsh Rules.*

The exercises in this book include:

translation into Welsh
filling gaps
linking clauses
mutations
changing to the negative
changing to the plural
changing the emphasis of sentences
correcting mistakes
choosing words

The exercises follow the order of *Welsh Rules,* and they can be divided into grammatical sections: verbs, prepositions, the article, adjectives, nouns, pronouns, adverbs, numerals, clauses.

Each section has been divided into steps which generally increase in levels of difficulty and information. As you work through the book, choose step 1 of each section to start, then step 2 etc.

The answers are at the back of the book, with a note on possible variations.

The book should be of use to all who use *Welsh Rules,* but it should also be useful to all learners of Welsh.

Pob hwyl gyda'r dysgu! All the best with the learning!

Heini Gruffudd
Abertawe, October 2003

Verbs Step 1

Fill the gaps using 'oes' or 'ydy', and answer the questions:

Example: Ydy Charlie Chaplin yn actio yn y ffilm?

Ydy, mae e'n actio yn y ffilm. /— Na, dydy e ddim yn actio yn y ffilm.

1. _____ ffilm yn y sinema heno?
2. _____ hi'n hoffi ffilmiau antur?
3. _____ llawer o bobl yn y sinema heno?
4. _____ 'r newyddion ar y teledu heno?
5. _____ 'r actores yn hoffi dillad?
6. _____ digon o bopcorn yn y bag?
7. _____ rhaid i ni fynd i'r sinema?
8. _____ dy chwaer yn mwynhau ffilmiau?

Correct these sentences:

1. Mae'n nhw'n dangos dwy ffilm heno.
2. Ydy ni'n mynd i'r sinema yfory?
3. Mae e ddim yn actio yn y ffilm.
4. Ydy llawer o bobl yn y theatr?
5. Dydyn nhw'n ddim yn actio'n dda.
6. Dydy nhw ddim ar y teledu.
7. Rydyn nhw'n aros gartre.
8. Rydyn ni ddim yn hoffi opera.

Verbs Step 2

Turn these sentences into the negative:

1. Mae'r dillad ar y llawr.
2. Mae sebon yn y sinc.
3. Rydyn ni'n ymweld â nhw yfory.
4. Maen nhw'n ymadael â'r wlad.
5. Rydych chi o dan ei ddylanwad e.
6. Mae Fred Louis yn ymladd ag Ali Lennox heno.
7. Mae e'n gweithio yn y tŷ trwy'r bore.
8. Mae hi'n gofalu am y plant.

Correct these sentences:
1. Mae'r tywelion yn wrth y bath.
2. Ydych chi'n siarad i'r plant?
3. Rydyn ni'n aros am chi.
4. Mae e wedi dysgu fi Cymraeg.
5. Maen nhw'n helpu ni chwilio.
6. Dydy e ddim wedi ymweld gyda ni.
7. Rydych chi'n ar y teledu!
8. Dydyn nhw'n ddim gwylio'r teledu.

Verbs Step 3

Mutate the words in the gaps, if necessary:
1. Mae'r teipydd yn [cyflym].
2. Mae'r fenyw yn [darlithydd].
3. Mae'r botel yn [llawn].
4. Dydy hi ddim yn [rhad].
5. Dydy'r llyfr ddim yn [mawr iawn].
6. Mae e'n [garddwr].
7. Rydych chi'n [cynnar].
8. Ydw i'n [gyrru]?

Correct these sentences:
1. Athrawes ydy'r dyn.
2. Cogydd mae Siân.
3. Merched ydy nhw.
4. Ydy e coch?
5. Mae e llawn.
6. Peilot ydy chi?
7. Coleg da mae coleg Abertridwr.
8. 'Pont' mae pont yn Ffrangeg.

Verbs Step 4

Put 'mae', 'sy', 'ydy' 'fydd' or 'oedd' in these gaps:
1. Faint ___ cost y bwyd?
2. Pwy ____ hi'n ei weld heno?

3. Beth ___ ar y teledu heno?
4. Pwy ___ yn chwarae i Gymru'r wythnos nesa?
5. Faint ___ yn edrych ar y gêm ddoe?
6. Beth ___ y sgôr ar ddiwedd y gêm?
7. Faint ___ 'r bwyd yn ei gostio?
8. Beth ___ hi'n ei wylio heno?

Correct the verb in these sentences:
1. Beth ydy e'n ei wneud heno?
2. Faint ydy'r bwyd yn ei gostio?
3. Pwy ydy'n chwarae i Gymru?
4. Faint sy'n cost y bwyd?
5. Pwy ydy hi'n ei weld yfory?
6. Beth mae e?
7. Beth ydy hi'n ei lanhau?
8. Faint mae e?

Verbs Step 5

Put the past tense of the verb in these sentences:
1. Ble (cael) chi ginio heddiw?
2. (mynd) ni i weld y gêm yng Nghaerdydd.
3. (dod) nhw adre'n gynnar.
4. Pryd (dod) chi adre neithiwr?
5. (cael) nhw'r wobr gyntaf yn yr eisteddfod?
6. (gwneud) chi rywbeth yn y dre?
7. Pryd (mynd) chi ar eich gwyliau y llynedd?
8. (dod) i yma ddoe.

Turn these sentences into the negative:
1. Ces i wobr am ganu.
2. Cafodd hi'r wobr gyntaf.
3. Daethon ni adre'n gynnar.
4. Aethoch chi i weld y gêm.
5. Wnaethon nhw fe yn y bore.
6. Des i i'r coleg ddoe.
7. Aeth hi i'r ysbyty.
8. Cafodd e hi am ganu yn yr eisteddfod.

Turn these sentences into the negative:
1. Rwy'n gweld ffilm ar y teledu bob nos.
2. Rydych chi'n hoffi ffilmiau antur.
3. Mae Siân, fy chwaer, yn hoffi ffilmiau serch.
4. Rydyn ni'n mynd i'r sinema bob wythnos i weld ffilm.
5. Mae drama yn y theatr yr wythnos nesa.
6. Huw sy'n gyrru heno.
7. Rwy'n nabod y ferch oedd yn y tîm.
8. Cafodd e wobr yn yr eisteddfod.
9. Gwnes i fe'n iawn.
10. Ydych chi nabod y merched sy'n dysgu nofio?

Fill the gaps in these sentences:
1. _____ i mo'r wobr gyntaf ddoe. (cael)
2. _____ nhw mo'r llyfr yn y dre. (cael)
3. _____ chi'r mo'r llestri trwy'r gwyliau. (gwneud)
4. _____ e mohonyn nhw. (gwneud)
5. Ches i _____'r wobr, gwaetha'r modd.
6. Wnaethon nhw _____ fe'n dda iawn.
7. Chawson ni _____ nhw gyda'r post.
8. Chawsoch chi _____ hi yn y siop.

Verbs Step 6
Put command forms of the verb in these sentences:
1. (dysgu) eich gwaith yn dda!
2. (brwsio) eich dannedd ar ôl brecwast!
3. (glanhau) eich esgidiau cyn mynd allan!
4. (gwneud) dy waith yn y bore!
5. (aros) i fi, wnei di!
6. (cymryd) dy fwyd gyda thi!
7. (peidio) â mynd heb dy frawd.
8. (peidio) ag aros am eich ffrindiau.

Correct these sentences:
1. Peidiwch â mynd heb dy fag.
2. Cymrydwch eich cot!

3. Glanhauwch y llawr!
4. Mwynhauwch y gwyliau!
5. Dysga eich gwaith!
6. Prynnwch y llyfrau!
7. Darllennwch y papur!
8. Gwylwch y teledu heno!

Verbs Step 7

Change into the negative:
1. Mi fues i'n nofio yn y môr.
2. Fe fuon nhw'n dringo Tryfan yn y bore.
3. Buodd e'n gyrru car o gwmpas y wlad.
4. Fe fuodd hi'n gwersylla yn ne Ffrainc.
5. Buon ni'n hwylio ar y llyn.
6. Fe fuon ni'n ymweld ag amgueddfa Coca Cola yn Fflorida.
7. Buon nhw gyda'u mam trwy'r gwyliau.
8. Buon ni'n darllen yn y llyfrgell yn ystod y gwyliau.

Translate:
1. I went to Italy last year.
2. We went shopping in Swansea yesterday.
3. There was a nasty accident on the road.
4. They went camping in the summer.
5. Have you ever been sailing?
6. No, but I've been climbing in Snowdonia.
7. Did they go abroad in the holidays?
8. No, they didn't go out of the house.

Verbs Step 8

Put the correct ending of the verbs in these sentences:
1. Cod____ i'n gynnar bore 'ma.
2. Gweith____ nhw'n galed trwy'r dydd.
3. Wel____ chi'r gêm ar y teledu neithiwr?
4. Chwarae____ Cymru'n wael iawn, gwaetha'r modd.
5. Phryn____ i ddim byd yn y dre.

6. Yf_____ ni mo'r llaeth – roedd e'n sur.
7. Gof____ ti anfon llythyr at y plant?
8. Dal____ hi i ganu trwy'r nos.

Change these sentences into the past:
1. Rwy'n ysgrifennu llythyr ati hi.
2. Dydy hi ddim yn darllen y llyfr.
3. Maen nhw'n dal i boeni amdana i.
4. Ydych chi'n chwarae i'r tîm cyntaf?
5. Dydy hi ddim yn dysgu'r gwaith.
6. Dydy e ddim yn prynu llyfr.
7. Ydyn nhw'n cyrraedd yn gynnar?
8. Rydyn ni'n yfed popeth.

Verbs Step 9

Use past forms of 'gwneud' in these sentences:
1. (gwneud) i + codi'n gynnar.
2. (gwneud) nhw + ddim + mynd i'r ddarlith.
3. (gwneud) chi + mo + y traethawd.
4. (gwneud) hi + ddim + sefyll yr arholiad.
5. (gwneud) ti + mo + yr arholiad yn dda iawn.
6. (gwneud) chi + gwaith i gyd?
7. (gwneud) e + ddim + adolygu o gwbl.
8. (gwneud) i + cerdded i ffwrdd.

Put pronouns instead of the definite nouns:
1. Fe wnes i ddarllen y nofel.
2. Fe wnaeth e basio'r arholiad.
3. Wnaethon ni ddim dysgu'r gwaith.
4. Wnaeth hi ddim dal y bws.
5. Wnaethoch chi hoffi'r ysgol?
6. Wnaethoch chi adolygu'r befau?
7. Wnest ti mo'r gwaith.
8. Fe wnaethon nhw fynychu'r gwersi.

Translate these sentences:
1. I didn't do it.
2. We didn't work hard last year.
3. He didn't go to the lecture.
4. They stayed until the end.
5. Did they leave after an hour?
6. She didn't like the lecture.
7. He didn't eat it.
8. Did you walk home?

Verbs Step 10

Correct these sentences:
1. Maen nhw newydd wedi cyrraedd.
2. Rydyn ni ddim heb orffen y gwaith.
3. Mae e'n ar fin ennill.
4. Mae hi ddim wedi galw heddiw.
5. Ydych chi wedi darllen e?
6. Gwnes i pasio hi.
7. Cerddon ni ddim adre.
8. Beth ydy e'n ei wneud yn y siop?

Change these sentences into the negative:
1. Maen nhw newydd fynd.
2. Mae hi ar fin cyrraedd.
3. Rydw i wedi clywed y stori.
4. Mae'r ferch wedi ennill.
5. Mae'r dyn wedi colli.
6. Mae rhywun wedi yfed y llaeth.
7. Rydyn ni wedi chwarae'n dda.
8. Rydych chi wedi ennill yn hawdd.

Verbs Step 11

Make sentences, using 'gyda' / 'gan' or 'cael':
1. (ni) parti heno.
2. (ni) mynyddoedd yng Nghymru.

3.   (i) esgidiau da i gerdded.
4.   (nhw) llawer o hwyl yn y wlad.
5.   (Cymru) gormod o law yn yr haf.
6.   (Cymru) gormod o goed coniffer.
7.   (y byd) gormod o orsafoedd niwclear.
8.   (problemau'r byd) sylw o'r diwedd.

Correct these sentences:
1.   Cafodd y môr ei llygru gan olew.
2.   Mae'r coed wedi cael ei ddifetha gan y gwynt.
3.   Mae Cymru'n cael mynyddoedd uchel yn y gogledd.
4.   Cafodd y wlad ei ddistrywio gan y traffig.
5.   Mae'r afonydd wedi cael ei wenwyno gan y cemegau.
6.   Rydw i gan ddau frawd a dwy chwaer.
7.   Cafodd y merched eu ddal yn smygu.
8.   Maen nhw gyda amser da yn y parti.

Translate these sentences:
1.   Wales has too much rain in summer.
2.   I'm having a great time.
3.   The work has been done.
4.   May I have more milk, please?
5.   Are you allowed to see the film?
6.   The world has a lot of environmental problems.
7.   How many rivers were polluted?
8.   They were born in the Rhondda.

Verbs Step 12
Turn these sentences into formal Welsh:
1.   Wi'n mynd i'r ddawns heno.
2.   Y'n ni'n hoffi mynd i'r dre.
3.   Y'ch chi 'di gweld y gêm?
4.   O'ch chi'n ofon y traffig?
5.   Ddaru chi weld y castell?
6.   Tydw i ddim yn 'i gredu o.
7.   Tewch â d'eud!
8.   O'n nhw ddim yno.

Give the south / north form for these words:

1. llefrith
2. taid
3. hala
4. rŵan
5. hogyn
6. mas
7. lan
8. pres
9. eisiau
10. becso

Verbs Step 13

Change these sentences into the negative:

1. Mae e'n hoffi darllen llyfrau antur.
2. Mae hi'n casáu barddoniaeth.
3. Rydym yn darllen gwaith Dafydd ap Gwilym yn y gwely bob nos.
4. Maent yn adolygu nofelau Cymraeg ar y teledu.
5. Rwyf yn hoffi ysgrifennu storïau byrion.
6. Maent yn gwerthu cylchgronau Cymraeg yn y siop bapurau.
7. Rwyt yn darllen gormod o lyfrau ditectif.
8. Rydych chi'n casáu ysgrifennu Cymraeg ffurfiol iawn.

Turn into formal Welsh:

1. Yr ydym yn hoffi darllen.
2. Nid oeddynt yn cysgu'n drwm.
3. A ydych yn hoff o'r llyfr?
4. A ydynt wedi gorffen?
5. Nid ydych yn gwerthfawrogi'r stori.
6. Yr wyf ar fin mynd allan.
7. Nid oedd hi wedi darllen y llyfr.
8. Nid wyf wedi clywed amdanynt.

Verbs Step 14

Translate:
1. I had arrived before they went.
2. We had not thought about that before.
3. They had just passed the test.
4. When he came in, his friends had already gone.
5. She had forgotten the milk, but she had not tried the corner shop.
6. I passed French this year, but I had already passed Welsh.
7. She had been a conscientious student.
8. There weren't any students there today.
9. We had been waiting for an hour, but they didn't arrive.
10. They had a good meal, and then went to the cinema.

Correct these sentences:
1. Roeddwn i'n wrth y drws.
2. Roedd e wedi bod chwarae rygbi.
3. Roeddwn ni newydd ddarllen y papur.
4. Roedd hi newydd wedi gorffen bwyta.
5. Roedden nhw'n wedi dechrau yn y coleg.
6. Oeddech chi'n gartre trwy'r bore?
7. Doedd ddim gwersi yn y coleg yn y gwyliau.
8. Roedd y myfyrwyr ddim wedi gweithio'n galed.

Verbs Step 15

Translate these sentences:
1. There won't be any trouble in the dance.
2. Will there be a live band there?
3. They will come home after the disco.
4. Many accidents happen after 11 p.m.
5. You'll be tempted sometimes, but you won't drink too much, will you?
6. Young people face many problems when they go to university.
7. I'll have to look at the programme.
8. Will it be on again tomorrow?

Fill the gaps with the future form of 'bod':

1. [ ] ni ddim yn yfed alcohol.
2. Fe [   ] nhw wedi colli popeth.
3. Pryd [   ] chi'n cyrraedd?
4. [ ] hi ddim yn credu'r peth.
5. Fe   [   ] chi eisiau gwybod y gwir.
6. [ ] i ddim yn galw eto.
7. Fe [   ] e wedi colli ei gyfle.
8. [ ] nhw'n dod gyda ni?

Verbs Step 16

Translate these sentences:

1. They should start thinking about it seriously.
2. We shouldn't be too worried about this.
3. He died two days after the accident.
4. That bottle is mine!
5. The skirt didn't suit her at all.
6. They used to live in Llynfi valley.
7. You shouldn't drink and drive.
8. I had to go back to town to go to the bank.

Correct these sentences:

1. Fe ddylais i fod wedi cael tocyn.
2. Fe ddylai hi wedi mynd at y meddyg.
3. Marwodd hi ar ôl y tân.
4. Ble bywiodd hi cyn dod i Drefeglwys?
5. Gorfodais i basio'r arholiad cyn mynd i'r coleg.
6. Rydw i'n piau'r tŷ.
7. Ddylet ti ddim wedi prynu'r diodydd.
8. Pryd dylaf fynd adre?

Verbs Step 17

Fill the gaps in these sentences:

1. [mynd] i yno yfory.
2. [dod] e yn ôl cyn bo hir.

3. Fe [gweld] chi lawer yn y stori.
4. Fe [cael] e dipyn o bleser o'r llyfr.
5. [mynd] nhw ddim allan heno.
6. [cael] ni fenthyg y llyfr?
7. [gweld] i ddim byd yn y stori.
8. [gwneud] chi fy helpu i?

Change the verbs to short forms of the verb:
1. Dydw i ddim yn gweld pwrpas i'r llyfr.
2. Mae e'n cael llawer o hwyl.
3. Ydy hi'n cael dod gyda ni?
4. Ydyn nhw'n gweld y ddrama?
5. Dydych chi ddim yn cael gyrru.
6. Maen nhw'n yfed y llaeth i gyd.
7. Dydw i ddim yn credu'r peth.
8. Wyt ti'n cael cadw'r llyfr?

Verbs Step 18
Translate these sentences:
1. I used to walk to work every day.
2. She used to type all day.
3. We worked hard at school, and passed every examination.
4. While we were driving in the country, it started to rain.
5. They read the paper each morning.
6. I would sleep in the open air when I was camping.
7. For two hours each afternoon, he wrote his diary.
8. You washed the dishes, I wiped them, and we were happy for twenty years.
9. She said that you would apply for the post. (*apply* – gwneud cais)
10. We knew that they would come to the interview.
11. They heard that I would be starting in September.
12. If I knew that, I would have tried harder.

Translate these sentences:
1. I could have done the work myself.
2. They should have gone to university.
3. We would have liked to have studied French.
4. He could have passed, but he could not have passed well enough.
5. You should not have bought the present.
6. The country could not have had worse weather.
7. I would have liked to have learnt the language before going.
8. She should have learnt to type before applying for the post.

Verbs Step 19

Put the correct impersonal endings in these sentences:
1. Ysgrifenn____ y llyfr gan Islwyn Ffowc Elis.
2. Carchar____ y dyn am bymtheng mlynedd.
3. Clyw____ adar yn canu bob bore gyda'r wawr.
4. Dechreu____ y gwaith adeiladu yfory.
5. Gwel____ tudalen 97 am ragor o wybodaeth.
6. Gwel____ ceirw a llwynogod ar y caeau hyn yn gyson.
7. Gwel____ ar unwaith fod y tŷ wedi chwalu.
8. Cynhel____ y gyngerdd nos Sadwrn am wyth.

Correct these sentences:
1. Cafwyd y milwr ei ladd.
2. Gwelwyd ef y gêm ar y teledu.
3. Ysgrifennir John Hughes yr adroddiad.
4. Darllenodd y newyddion gan Elin Meri.
5. Cafwyd y chwaraewyr eu talu.
6. Cynhalir y gyngerdd nos yfory.
7. Carcharwyd y barnwr ef am ddeng mlynedd.
8. Lladdodd llawer o bobl yn y rhyfel.

Translate these sentences:
1. Fewer people come on holiday to Wales each year.
2. Rain was heard on the tent all night.

3. A new company will be created next year.
4. They will try to win a place in the college.
5. We should not have believed the story.
6. The economy will improve during the year.
7. How much of the money was raised in by the company?
8. Was enough aid sent to the countries of Africa?

Verbs Step 20

Turn these using pluperfect, short form of the verb:
1. Roedd y bardd wedi bod yn crwydro trwy'r dydd.
2. Roedd y ferch wedi bod yn cysgu trwy'r bore.
3. Roedd y dynion wedi bod yn chwilio am oriau.
4. Roedd y llyfr wedi cael ei ysgrifennu amser maith yn ôl.
5. Roedd y gerdd wedi cael ei hysgrifennu cyn cyfnod y tywysogion.
6. Roedd y ferch wedi blino'n lân.
7. Roedd y bardd wedi ennill y gadair.
8. Roedd y gorberffaith wedi diflannu erbyn yr ugeinfed ganrif.

Fill the gaps in these sentences:
1. Beth wnelech chi, pe [   ] chi'n ennill y loteri?
2. Pe [   ] hi'n bwrw glaw, fyddech chi'n mynd?
3. Pe bai hi'n braf, [] i'n mynd i'r wlad.
4. Pe baech chi'n mynd, [   ] nhw'n mynd hefyd.
5. Pe [   ] nhw'n gyfoethog, bydden nhw'n prynu'r tŷ.
6. [ ] ti ddim yma, oni bai am y bwyd.
7. [ ] chi'n prynu car am bum mil o bunnoedd?
8. Pe bai'r trên yn hwyr, [   ] i ddim yn aros.

Prepositions Step 1

Put a preposition in these sentences, and mutate the word following the preposition:

1. Mae hi wedi astudio Cymraeg ___ dwy flynedd.
2. Maen nhw'n cael y llyfr ___ darlithydd y cwrs.
3. Aeth hi ___ gweld y prifathro.
4. Mae ____ tair mil o lyfrau yn y llyfrgell.
5. Rydyn ni ___ canol cwrs Ffrangeg yn y coleg.
6. Mae'r athrawon ___ pwysau mawr.

Fill the gaps in these sentences with the appropriate form of 'yn', and mutate the word after the gap:

1. Mae e'n astudio Ffrangeg ___ coleg Abertawe.
2. Rydyn ni'n astudio Cymraeg ___ Bangor.
3. Mae e'n byw ___ Pen-y-bont.
4. Maen nhw'n astudio lefel A ___ Dinbych.
5. Mae Siân yn mynd i'r coleg ___ Trefynwy.
6. Mae e'n aros ___ Glan-llyn am bythefnos.

Put 'â' or 'gyda' in these gaps, and mutate the word after the gap:

1. Mae hi'n mynd ___ cyfaill i'r coleg.
2. Mae e'n astudio economeg ____ llawer o fyfyrwyr eraill.
3. Maen nhw'n siarad ____ prifathro'r coleg.
4. Ysgrifennodd e'r traethawd ____ phensil.
5. Rydyn ni'n ymweld ___ coleg Aberystwyth yfory.
6. Mae hi'n mynd ___ tri geiriadur i'r coleg.

Put 'er', 'ers', 'rhwng', 'wedi' or 'cyn' in the gaps below:

1. Rydw i'n dysgu Cymraeg ___ mis Medi.
2. Mae'r coleg ___ y môr a'r parc.
3. Rydyn ni'n cael coffi ___ mynd i'r ddarlith.
4. Maen nhw'n nabod y darlithydd ___ blynyddoedd.
5. Es i adre ___'r ddarlith.
6. Mae hi'n cael cwpaned ____ y gwersi.

Put a preposition in these sentences:

1. Mae e'n gweithio _____ 'r dydd.
2. Mae hi'n aros ____ ei ffrind.
3. Mae'r myfyrwyr yn gweithio ____ wyth y nos.
4. Mae'r darlithwyr yn edrych ymlaen ____ y gwyliau.
5. Dydy'r llyfrau ddim ____ y silff yn y llyfrgell.
6. Ydych chi gwybod ____ lyfr da ____ hanes Ewrop?
7. Mae digon ____ lyfrau daearyddiaeth yn y siop.
8. Mae'r ddarlithwraig yn ysgrifennu ____ y bwrdd du.
9. Rydw i'n astudio _____ Ngholeg Caerfelin.
10. Rydyn ni wedi bod yma ____ wyth y bore.

Translate these sentences:

1. I'm writing to the manager.
2. He's nasty to the girl.
3. I'm reading a good book on Welsh history.
4. I'm lost – I'm looking for a swimming pool.
5. They're talking to the college head.
6. We're trying to listen.
7. She's taking a book home to read.
8. He's been living (= he's living) here since eight years.

Correct the mutations in these sentences:

1. Rydw i'n ysgrifennu at prifathro'r coleg.
2. Mae e'n byw rhwng Gaerdydd ac Abertawe.
3. Dydy hi ddim yn geisio deall.
4. Rydyn ni'n darllen am bachgen o'r Fenni.
5. Dydyn nhw ddim yn gas wrth pawb.
6. Ydych chi'n byw yn Pont-y-pridd?
7. Mae hi'n dod o Llanelli.
8. Dydy e ddim yn mynd i gwersylla'n aml.

Prepositions Step 2

Complete:

1. Ydych chi wedi clywed _____ nhw?
2. Rydw i'n gwybod ___ fe.
3. Maen nhw'n cofio ___ chi.
4. Ydyn nhw'n siarad ___ ni?
5. Pwy sy'n meddwl ___ hi?
6. Does dim sôn ___ hi yn unman.

Translate these sentences:

1. They're arriving at eight o'clock.
2. She's always talking about you.
3. They're staying for two hours.
4. Put a coat on.
5. It looks like rain today.
6. Because of that, put wellingtons on your feet.

Translate these sentences:

1. She's reading about it in the paper.
2. He's making fun of the teaching.
3. They're forgetting about the trouble last night.
4. We're putting on a coat – it's going to rain.
5. It's starting at twelve o'clock, so I'll have to go for the time being.
6. What is she talking about?
7. He's always worrying about his hair.
8. They're not a bad band, I suppose.

Correct the prepositions in these sentences:

1. Maen nhw wedi dweud y stori i fi.
2. Roedden nhw'n chwerthin ar ben y bachgen bach.
3. Ysgrifennodd e'r llythyr i'r prifathro.
4. Rydw i wedi clywed amdano Huw.
5. Roedd e wedi darllen y stori yn y papur amdano hi.
6. Beth mae e wedi ei ddweud am fi?
7. Mae e wedi dweud wrth Huw i orffen y gwaith.
8. Roedden nhw wedi cyrraedd at ddeg o'r gloch.

Prepositions Step 3

Put 'â' or 'gyda' in the gaps:

1. … phwy fuest ti yn y ddawns?
2. Fuest ti'n siarad … Jac yno?
3. Beth wnest ti … nos?
4. Oeddet ti wedi trefnu cwrdd … Jac cyn mynd i'r ddawns?
5. Pam doeddet ti ddim gartre tan dri y bore? Fuest ti'n caru … fe ar ôl y ddawns?
6. Pryd ffarweliest ti …'th ffrindiau di?
7. Oeddet ti wedi cerdded adre … 'r merched?
8. Gytunest ti i gwrdd … Jac eto?
9. Wnei di gytuno i beidio … chwrdd â Jac eto?
10. Ydy Jac wedi, ym, cyffwrdd … thi erioed?

Correct these sentences:

1. Roeddwn i'n siarad gyda fe.
2. Rydyn ni wedi mynd gyda'r llyfr i'r llyfrgell.
3. Ydych chi wedi coginio gyda'r sosban?
4. Roedd y ci'n ymladd gyda'r gath.
5. Oedden nhw wedi cerdded adre â hi?
6. Siaradodd e i ni trwy'r prynhawn.
7. Trawodd e ei fys gyda morthwyl.
8. Pwy mae e'n caru gyda?

Prepositions Step 4

Translate these sentences:

1. Do I have to see the manager?
2. I've succeeded in opening an account.
3. She's let him do the work.
4. He tended to be lazy.
5. We promised them a party.
6. It was lovely to see you again.
7. It was very difficult for us to pay the bill.
8. She asked us to look at the house.

Correct these sentences:
1. Mae hi'n dda i'ch gweld chi.
2. Mae e wedi dysgu i'r bachgen i nofio.
3. Roeddech chi'n wedi gofyn wrth Huw ddoe.
4. Mae e wedi chwarae rygbi am Gymru.
5. Ar ôl y bechgyn yn dod adref, aethon nhw i'r gwely.
6. Roedd e eisiau fi i weld y llythyr.
7. Roedd e wedi diolch Siân am wneud y cinio.
8. Mae hi'n gyfleus i'r plant i fynd allan heno.

Prepositions Step 5

Translate these sentences:
1. I'm surprised at the beauty of the country.
2. Give her my regards.
3. My mother is getting on for fifty.
4. The concert was not to everyone's taste.
5. Although there was a lot of work in the garden, he set about it at once.
6. After returning home, he wrote to them to thank them.
7. Does the holiday appeal to you?
8. They contributed generously towards the appeal.

Fill the gaps in these sentences:
1. Ysgrifennodd hi lythyr [ ] i.
2. Oedd y daith yn apelio [ ] chi?
3. Anfonais i gerdyn post [ ] hi.
4. Daliwch [   ]!
5. Cofiwch fi [   ] nhw.
6. Rhedodd hi   [   ] fe.
7. Roedd y neges yn cyfeirio [   ] chi.
8. [ ] bwy maen nhw'n mynd?

Prepositions Step 6

Complete:
1. Ydy America wedi ymosod ___ nhw?
2. Ydy'r bai ____ ni?
3. ____ chi mae'r bai.

4.   Rydw i'n gweld bai _____ nhw.
5.   Hon yw'r dref y mae'r bomiau wedi disgyn ___ hi.
6.   Mae [   ] i ddeg punt iddyn nhw.
7.   Roedd [   ] chi bum punt i fi am y bwyd.
8.   Mae hi'n wael iawn [   ] ni.

Translate these sentences:
1.   They were in great need of food.
2.   After the holiday we were in debt.
3.   The people were in great fear.
4.   We depended on them to finish the work.
5.   She got rid of all the evidence.
6.   When he failed the examination, he blamed the school.
7.   The politician listened to us, but we didn't influence him.
8.   Why am I always at fault?

Correct these sentences:
1.   Gwnes i'r gwaith ar fy hunan.
2.   Roedd e wedi troi'r golau ar.
3.   Mae milwyr America wedi ymosod arno Iwgoslafia.
4.   Aeth hi ar wyliau ar ben ei hun.
5.   Rydyn ni'n edrych ymlaen ar y gêm ddydd Sadwrn.
6.   Chechnya yw'r wlad maen nhw wedi ymosod ar.
7.   Mae ein plant yn dod i ginio yma ar brydau.
8.   Maen nhw'n cyrraedd yfory ac yn galw arnon ni ar ddydd
     Sadwrn.

Prepositions Step 7
Fill the gaps with the correct form of the word:
1.   Roedd hi'n dweud rhywbeth (wrth) fe wrth (drws) y clwb.
2.   Roedd ei ffrindiau wedi bod yn gas (wrth) hi a'i chariad.
3.   Roedd hi wedi dweud (wrth) nhw ei bod hi'n cenfigennu
     (wrth) nhw.
4.   Roedden nhw wedi bod yn gas iawn (wrth) fe.
5.   Mae hi'n bryd iddyn nhw ddweud y gwir (wrth) ni.
6.   Mae hi bob amser yn garedig iawn (wrth) i.

Correct these sentences:

1. Roedd e'n gas iawn i fi.
2. Roeddwn i wedi dweud yr hanes i John.
3. Roedd hi wedi cyfaddef y cyfan i fi.
4. Peidiwch â dweud popeth wrtho Siân.
5. Ydych chi wedi cael llythyr wrth Huw bore 'ma?
6. Aeth hi i gysgu pan yn gwylio'r teledu.
7. Roedden nhw wrth ei bodd.
8. Roedd digon o fwyd ar law, diolch byth.

Translate these sentences:

1. How much money have we got in reserve?
2. She was very kind to his brother.
3. They did the work at their own pace.
4. We saw the castle while driving around Snowdonia.
5. We told them the whole story.
6. Thank you for being so kind to us.
7. She was in her element on hearing the news.
8. They tried to be nasty to me.

Prepositions Step 8

Translate these sentences:

1. She did the work for me.
2. He played for his college many times.
3. I can't answer for anyone else.
4. I left my clothes on the beach, but the tide went over them.
5. Can you look over it for me?
6. We'll have to look at the growth over a considerable period.
7. He tried to make a good impression, but he went over the top.
8. Although I didn't like him, I voted for him.

Translate these sentences:

1. I received the news through him.
2. He got the job through you, thank goodness.
3. He told her by writing to her.
4. He's complaining all the time.

5. Luckily we got over it all right.
6. He went through to the kitchen.
7. He read through the paper in two minutes.
8. When I'm through with him, he'll be sorry.

Translate these sentences:
1. Don't go without me.
2. He walked to town without saying a word.
3. She returned home not having seen the capital city.
4. He talked bluntly without waiting for an answer.
5. My certificates? I've come without them!
6. I could not have done it without you.
7. They are without a doubt the best team in Wales.
8. They are typical students, without a care in the world.

Translate these sentences:
1. Has anything come between you?
2. Between you and me, I don't think there's much hope.
3. We collected enough money between us all.
4. We went out between six and seven o'clock.
5. There wasn't much difference between him and his sister.
6. They didn't have enough money for a meal between them.
7. The castle was on a hill between the bridge and the lake.
8. After the visit they haven't spoken to each other.

Prepositions Step 9
Translate these sentences:
1. Has anything come of him?
2. They won by five points.
3. I suffer from a cough from time to time.
4. Having wandered from place to place, he settled down at last.
5. They didn't take any notice of them.
6. Have you reminded him of it before?
7. There are too many people making studies of people's opinions.
8. It was probably advantageous.

Fill the gaps in these sentences:
1. Ar ôl yr holl siarad, ddaeth dim byd [   ] fe.
2. Roeddwn i eisiau gweld mwy [   ] hi.
3. Welais i [   ] chi trwy'r nos.
4. Chymerodd hi ddim sylw   [   ] nhw.
5. Doedd dim siw na miw   [   ] hi.
6. Lwyddon nhw ddim i gael gwybodaeth [   ] hi.
7. Fe wnaeth e fôr a mynydd [   ] fe.
8. Roeddwn i'n dioddef [   ] fe trwy'r dydd.

Prepositions Step 10

Fill the gaps in these sentences:
1. Dydw i ddim yn credu dim [   ] fe.
2. Celwydd yw'r stori – does dim gwir [   ] hi.
3. Dyma lun o'r duwiau roedd y Celtiaid yn credu [   ] nhw.
4. Oes digon o le [ ] hi i ni gael cinio?
5. Y we? Dydw i ddim yn gweld dim lles [   ] hi.
6. Maen nhw'n teithio [   ] fe bob dydd.
7. Edrychais i yn y llyfrau ond doedd dim byd   [   ] nhw.
8. Mae ffydd gennyn ni [   ] ti.

Put 'yn' in front of these place names:
1. Bangor
2. Caerdydd
3. Taliesin
4. Pen-y-bont
5. Garnswllt
6. Manceinion
7. Dinbych
8. Creigiau

Prepositions Step 11

Translate these sentences:
1. I'm glad to be back.
2. I'd rather see a proper parliament in Wales.
3. I'm sorry that she won't be here.

4.   The policy was written by them before the election.
5.   She had a bad back, so she walked with care.
6.   Which coat do you prefer?
7.   He was pleased that they had a home at last.
8.   The Prime Minister had a bad conscience.

Correct these sentences:
1.   Roedd llawer o fwyd ganddon ni.
2.   Doedd dim syniad ganddo fi.
3.   Oes pleidlais ganddoch chi yn yr etholiad?
4.   Gan pwy mae'r hawl i bleidleisio?
5.   Daethon nhw gennyf i i'r dref.
6.   Ysgrifennwyd y nofel ganddo'r awdur.
7.   Ydy'r wisg ganddi Siân?
8.   Rydw i gan y gwaith i gyd.

Prepositions Step 12
Translate these sentences:
1.   The girl went home singing.
2.   They had some success after studying under him.
3.   We were under considerable pressure to pass.
4.   I'm not waiting for you for ever.
5.   She'll never pass, even if she'll work until next year.
6.   Has anyone in your family worked underground?
7.   There was a wonderful view beneath us.
8.   He's completely under her thumb.

Fill the gaps with appropriate prepositions:
1.   Doedd dim coes [   ] nhw.
2.   Roedd y papurau ar y llawr [   ] hi.
3.   Ydych chi wedi clywed [   ] fe?
4.   Arhosodd e trwy'r dydd [   ] hi.
5.   Rydw i'n astudio yn y coleg [   ] yr haf.
6.   Roedd rhaid pasio – doedd dim byd arall [   ].
7.   Oedd rhywun yn gweithio [   ] chi?
8.   Aeth hi allan o'r arholiad [   ] ganu.

Prepositions Step 13

Choose 'mewn', 'i mewn i', 'yn' or 'ym' when filling these gaps:

1. Roedd hi ___ pentref bach yng Nghymru.
2. Edrychodd hi _____ 'r cwpan.
3. Rwy'n credu ____ ysbrydion.
4. Ydych chi'n credu ___ Nuw?
5. Mae'r llyfrau i gyd ____ llyfrgell y coleg.
6. Aethoch chi i'r dref ___ bws?
7. Roedd yr allwedd ____ mhoced ei got.
8. Mae'r record ___ siartiau Cymru ers wyth wythnos.

Translate these sentences:

1. There are too many books in the national library of Wales.
2. In some cases, it is better to look up the web.
3. There were many mistakes in her friend's work.
4. When did you see a swallow in any part of the country?
5. They were very interested in languages.
6. She was in bad spirits all day.
7. In winter, it is better to eat warm food once a day.
8. They will be in prison for years.

Prepositions Step 14

Translate these sentences:

1. She safeguarded her children from the flu.
2. They sheltered from the rain.
3. I'm wearing a coat in case it will rain.
4. There are protecting the fields from the effects of the storm.
5. From what are you hiding?
6. I'm staying at home – in case.
7. We all want to escape from poverty.
8. We fled from the shooting.

Put an appropriate preposition in the gaps:

1. Roeddwn i'n cysgodi [   ] y gwynt.
2. Doedd dim ffoi [] y glaw.

3. Ydych chi wedi dioddef [   ] annwyd?
4. Gofynnon nhw am gymorth [   ] yr heddlu.
5. Cefais i lythyr [   ] fy chwaer.
6. Rhedodd hi ar frys [   ] 'r tŷ.
7. Doedd dim bai [   ] y plant.
8. Oes angen amddiffyn [   ] y ffliw?

Prepositions Step 15

Translate these sentences:
1. I went there although the weather was bad.
2. She has been here since 1996.
3. They put up the statue in memory of the politician.
4. He's leaving her, for better or for worse.
5. We've stayed there since the spring.
6. We're doing this for your benefit.
7. We had a good time although it rained.
8. They bought the house in spite of the size of the garden.

Put an appropriate phrase in the gaps:
er hynny, er lles, er bod, ers talwm, ers amser, er mwyn popeth, er iddi, er cof
1. Rhoddodd yr athro waith ychwanegol _____ _____ y dosbarth.
2. Roedden nhw'n hoffi mynd i'r eisteddfod _____ _____.
3. _____ _____ y tywydd yn ddrwg, aethon nhw i'r traeth.
4. Maen nhw'n cynnal gwasanaeth _____ _____ am y rhai oedd
    wedi marw yn y ddamwain.
5. Gadewch lonydd iddi hi, __ _____ _____.
6. Aeth e at y meddyg, ond doedd e ddim wedi gwella __ _____.
7. Dydw i ddim wedi gweld fy mrawd ___ _____.
8. Doedd hi ddim yn hapus ___ _____ hi ennill y gêm.

Prepositions Step 16

Translate these sentences:
1. They stayed in the cinema throughout the film.
2. We went there during the summer.

3. They are on the point of finishing the work.
4. The Englishman went up the hill and came down the mountain.
5. The bus will be here very shortly.
6. What are you going to do, in face of the difficulties?
7. He pulled her by her hair.
8. More young people speak Welsh by now.

Fill the gaps below with these phrases:
yn anad neb, yn ystod, yn rhinwedd ei swydd, yn wyneb, yn erbyn, trwy gydol, cyn pen, ar fin

2. Roedd hi'n bwrw glaw ___ ___ yr haf.
3. Maen nhw ___ ___ symud tŷ.
4. Mae'r senedd yn dod i ben ___ __ y mis.
5. _____ _____ yr anawsterau, aethon nhw ddim.
6. Fe, ___ ___ __, oedd yn gyfrifol am y llwyddiant.
7. Roedd rhaid iddi hi fod yno ___ _____ ___ ____.
8. Roedden nhw wedi pleidleisio __ ____ y cynnig.
9. Doedd dim byd yn digwydd yn y senedd __ ___ y gwyliau.

Prepositions Step 17

Put an appropriate preposition in these gaps and change it to agree with the pronoun if necessary. Choose from the following:
heblaw, erbyn i, tuag at, tu mewn i, heibio i, ynglŷn â, heblaw, ar wahân i

1. Roedd y sefyllfa wedi ei datrys __ __ ni streicio.
2. Roedd y perchennog yn gas __ __ nhw.
3. Arhosodd pawb gartref _____ fi.
4. Aeth pawb ar streic ___ _____ _____ chi.
5. Roedd y ffatri ar gau. Cerddodd y gweithwyr _____ ____ hi.
6. Doedd neb yn gweithio ___ ____ ____ hi heddiw.
7. Gall pawb streicio _____ heddlu.
8. Dydyn ni'n gwybod dim _____ ____'r streic.

Correct these sentences:
1. Dydyn ni ddim wedi clywed amdano'r streic.

2. Rhedodd y gweithwyr i mewn iddo'r gwaith.
3. Protestiodd y dynion nes i nhw ennill.
4. Cerddodd y merched i lawr i'r mynydd.
5. Dringon ni i fynny'r bryn.
6. Aeth hi i Ffrainc mewn ystod y gwyliau.
7. Byddwn ni'n gorffen y gwaith cyn pen flwyddyn.
8. Roedd hiraeth arni pan oedd hi ar fin adael.

Prepositions Step 18

Correct these sentences:
1. Maen nhw wedi gwneud y gwaith ar gyfer fi.
2. Chwarddodd e ar fy mhen i.
3. Eisteddodd y ferch yn ymyl ni.
4. Cariodd y sach ar gefn e.
5. Ydych chi'n mynd i chwarae yn lle hi?
6. Roedd y tywydd yn ddrwg, yn ôl nhw.
7. Mae rhai gweithwyr da ymhlith nhw.
8. Mae e ar ochr ni bob tro, chwarae teg.

Put the correct form of the preposition in these sentences:
1. Coginiodd e'r bwyd [er mwyn + hi].
2. Does gen i ddim byd [yn erbyn + nhw].
3. Gwnaeth e'r gwaith [yn lle + fi].
4. Roedd coedwig fawr [ar bwys + fe].
5. Codon nhw siop [yn ymyl + nhw].
6. Roedd llawer o dlodi [ymysg + nhw].
7. Diolch bod to [uwchben + fi].
8. Does dim un chwaraewr da [ymhlith + nhw].

Prepositions Step 19

Correct these sentences:
1. Cerddodd e yn ôl i ei dŷ ef.
2. Roedden nhw wedi rhedeg o'u amgylch nhw.
3. Cyrhaeddodd e'r coleg o'i flaen hi.
4. Siaradodd hi'n gryf iawn o'm blaid i.
5. Gorffennodd hi'n gynnar oherwydd ef.

6. Rhedon ni'n syth i ganol nhw.
7. Doedd neb o'm flaen i yn y rhes.
8. Mae rhywbeth od o'th cylch di heddiw.

Put these pronouns after or in the middle of the prepositions in these sentences:
1. Fe wnaeth e'r gwaith [er mwyn + i].
2. Rhedodd hi'n gyflym [ar ôl + nhw].
3. Roedd hi wrth ei bodd [ynghanol + nhw.]
4. Daeth yr arlywydd i gerdded [ymysg + ni].
5. Roedd pawb yn bresennol [heblaw + chi].
6. Taflodd hi'r llyfr [tuag at + ef].
7. Roedd yr etholaeth yn gadarn iawn [o plaid + i].
8. Rhedodd hi [i + canol +nhw].

The Article

The Article Step 1

Say in Welsh:

1. a cat collar
2. a horse's foot
3. a cow's leg
4. goat cheese
5. lamb's meat
6. cat food
7. a cat's bed
8. a dog's tail
9. a farm animal

The Article Step 2

Put the correct form of the article in these gaps:

1. Dydw i ddim yn gallu dod o hyd i__ llyfrgell.
2. Mae__ castell wrth ____ parc, ond ble yn ____ byd mae____ llyfrgell?
3. Ydy hi wrth ____ eglwys? Ydy hi wrth ____ sinema?
4. "Esgusodwch fi." "Fi?" "Ie, chi. Ble mae__ llyfrgell, os gwelwch yn dda?"
5. "____ llyfrgell? Llyfrgell __ coleg?"
6. "Nage, llyfrgell __ dre."
7. "Wel, ewch i__ chwith, at ____ ysgol. Wedyn trowch i____ heol ar ____ dde, at ____ afon.
8. Wrth __ afon trowch i____ chwith eto, ac mae____ llyfrgell ar ____ heol wrth ____ ysbyty, ar ____ dde."

Correct these sentences:

1. Rydw i'n mynd i'r lyfrgell heno.
2. Ydy y sinema wrth yr afon?
3. Maen nhw'n mynd i weld yr eglwys, castell a marchnad.
4. Trowch i chwith, os gwelwch yn dda.

5. Ewch dde ar y sgwâr.
6. Ble mae y ganolfan siopa?
7. Neidiodd hi dros yr wal fawr.
8. Cerddon nhw o y gwesty at yr afon.

The Article Step 3

Correct these sentences:
1. Mae'r afon Hafren yn llifo i Fôr yr Hafren.
2. Mae Almaen, Eidal a Swistir yn yr Undeb Ewropeaidd.
3. Es i i Fangor, Barri a Bala'r haf yma.
4. Beth ydych chi am ei wneud yn ystod gwyliau Pasg?
5. Rydw i'n edrych ymlaen at wanwyn eleni.
6. Roedden ni'n hedfan dros y Môr India ar y ffordd i'r Awstralia.
7. Yn haf, maen nhw'n treulio eu gwyliau yn y Sbaen.
8. Roedd hi bob amser yn siarad yn Gymraeg Sir Benfro.

Translate these sentences:
1. He went from Bala to Barry in one day.
2. Do you live in Germany or Italy?
3. I'm looking forward to summer.
4. We go to church at Easter time.
5. I like fishing in the river Taff.
6. Where is Egypt? It is to the east of Libya.
7. They want to go to north Wales over Christmas.
8. Where are you going in winter?

The Article Step 4

Translate these sentences:
1. It costs £1.50 per kilo.
2. He drove at 60 miles per hour.
3. 20% speak Welsh.
4. They made 20p profit per loaf.
5. The paper costs a £1 a copy.
6. They want twenty pounds a ticket.
7. We are selling them at £2 each.
8. How much an hour does she charge?

Put appropriate phrases in these sentences:
y peint, yr un, y copi, y cant, yr awr, y botel, yr wythnos.

1. Mae hi'n eu gwerthu nhw am bunt [   ].
2. Roedd hi'n gyrru saith deg milltir [   ].
3. Roedd y llyfr yn cael ei werthu am ddeg punt [ ].
4. Fe wnaeth hi elw o 20c [ ] dorth.
5. Mae 80 [ ] yn siarad Cymraeg yng Nghwm Sianco.
6. Ydych chi'n gwerthu gwin am bum punt [   ].
7. Mae llaeth yn costio pum deg ceiniog [ ].
8. Roedd hi'n galw bob dydd Sul unwaith [   ] felly.

The Article Step 5

Translate these sentences:

1. 5% of the population of Wales have suffered from flu this winter.
2. 25% of the population of north Wales have had measles.
3. 10% of the children of south Wales have had chicken pox.
4. A large number of the old miners suffer from heart disease.
5. We want enough beds in hospitals to deal with whooping cough.
6. I suffer from hay fever in summer.
7. I had measles when I was ten.
8. Have you got anything for a sore throat?

Correct these sentences:

1. Mae e'n dioddef o frech goch.
2. Mae'r peswch arna i.
3. Oes gyda chi rywbeth ar gyfer y pen tost?
4. Ydych chi'n ofni cael yr annwyd?
5. Pryd dechreuoch chi ddioddef o'r cefn tost?
6. Ydy'r annwyd arnoch chi?
7. Cafodd hi frech Almaenig pan oedd hi'n fach.
8. Bu e farw o glefyd calon.

The Article Step 6

Translate these sentences:

1. He was in prison for eight years.
2. What are you doing at work?
3. She went to chapel regularly.
4. We all went to bed early.
5. After the accident I was in hospital for a week.
6. Are you going to college today?
7. They're going there by bus.
8. Her slip was showing.

Correct these sentences:

1. Ewch i wely ar unwaith.
2. Dydw i ddim yn mynd i gapel yn awr.
3. Aethoch chi i dref ddoe?
4. Roedd ei ddillad isaf mewn golwg.
5. Cadwon nhw hi mewn yr ysbyty am wythnos.
6. Beth yw 'exercise' yng Nghymraeg?
7. Bydden nhw'n mynd i eglwys bob wythnos.
8. Daeth e allan o garchar ar ôl dwy flynedd.

Adjectives

Adjectives Step 1

Translate these sentences:
1. The film is the only good programme tonight.
2. All the programmes tonight are in Welsh.
3. Who is the main actress in the film?
4. They're showing old films once again.
5. An exciting play? What about the pathetic acting?
6. Which afternoon are they filming?
7. Who is the main news reader tonight?
8. Some people watch three soap operas a night.

Change the object of these sentences into the feminine, mutating the adjective if necessary:
1. Mae'r bachgen bach yn hoffi chwarae.
2. Mae'r dyn tew yn bwyta trwy'r amser.
3. Ble mae'r tad cydwybodol?
4. Fe yw'r prif actor.
5. Mae fy ewythr cyfoethog yn dod i ginio.
6. Mae ei hoff gefnder yn galw heno.
7. Pwy yw'r ysgrifennydd gweithgar?
8. Mae'r bechgyn tlawd yn chwilio am ddillad.

Adjectives Step 2

Translate these sentences:
1. Who's playing the part of the lonely wife?
2. They were showing various programmes all evening.
3. There was a live elephant on the stage.
4. Name your favourite programme and your most hated programme.
5. With all due respect, it was a completely awful film.
6. I only have a faint memory of the play.
7. We are the only people in the audience.
8. She has an excellent voice but a terrible accent.

Put an appropriate adjective in the gaps:
hollol, unig, cwbl, gwahanol, cas, gwirioneddol, hoff, gwir

1. Roedd y ddrama'n _____ anniddorol.
2. Pa un yw eich _____ raglen?
3. S4C yw'r _____ sianel sy'n dangos y gêm.
4. Mae _____ fathau o operâu sebon ar y teledu.
5. Mae'r ffilm wedi ei seilio ar berson _____.
6. Rydw i wedi clywed yr esgus. Ond beth oedd y _____ reswm?
7. Reg yw ein _____ actor. Mae e'n anobeithiol.
8. Roedd hi'n _____ amhosibl ei deall hi'n siarad.

Adjectives Step 3

Correct these sentences:

1. Roedd y briodferch yn gwisgo gwisg gwyn, hir.
2. Mae'r Blaid Gwyrdd yn boblogaidd yn yr Almaen.
3. Mae hi'n gwisgo sgert cwta.
4. Merch bychan yw Mary.
5. Gwlad llwm yw Sudan.
6. Mae ganddi hi het melyn ar ei phen.
7. Bydd y Gymraeg yn iaith gryf unwaith eto.
8. Arhosodd hi am awr byr.

Translate these sentences:

1. I bought it on the black market.
2. I couldn't pick up the heavy chair.
3. There was a green tree by the house.
4. She had a short skirt.
5. Have you read *A White Star on a White Background*?
6. Yes, it's a great novel, but I don't understand it.
7. Have you had measles?
8. She worked for the Red Cross.

Adjectives Step 4

Turn the nouns and the adjectives into the plural:

1. Roedd [afal coch] ar y bwrdd.
2. Rwy'n hoffi bwyta [taten bob].

3. Roedd y [ffermwr cryf] yn gweithio yn y [cae].
4. Mae'r Gymraeg yn un o [iaith fach] y byd.
5. Mae gan y wlad [dref fawr].
6. Roedd [gardd hir] o flaen y tai.
7. Adroddiad ar addysg yng Nghymru yn 1847 yw'r [Llyfr Glas].
8. Mae'r Cymru'n cael ei disgrifio'n wlad y [faneg wen].

Give the plural form of these adjectives, if they have one:
1. crwn
2. gwyn
3. coch
4. meddal
5. bach
6. bychan
7. mawr
8. glas
9. cryf
10. melyn
11. tal
12. du

Adjectives Step 5
Correct these sentences:
1. Roedd y gwasanaeth yn y siop fach mor cyflym ag yn yr archfarchnad.
2. Mae'r bwyd yn y cigydd yn mor flasus â'r cig yn y farchnad.
3. Mae'r llawr mor lân a'r bwrdd.
4. Mae orenau mor iachus â afalau.
5. Roedd y lle mor frwnt â twlc mochyn.
6. Mae'r ffilm mor ddiddorol ag y llyfr.
7. Roedd y moron mor rad â'r tatws.
8. Mae'r gwasanaeth yn cynddrwg â'r bwyd.

Make sentences to compare these:
e.g. Mae'r siop mor rhad â'r farchnad.

1.	ffilm	diddorol	llyfr
2.	cig	rhad	pysgod
3.	marchnad	drud	siop
4.	menyn	blasus	margarîn
5.	bws	llawn	trên
6.	car	cyflym	bws
7.	merch	tal	bachgen
8.	cig	gwydn	lledr

Adjectives Step 6

Translate these sentences:

1. Wales is richer than many other small countries.
2. The weather is colder in summer than in winter.
3. Third world countries aren't more industrial than western countries.
4. Poverty in the country is not worse than poverty in the town.
5. The mountains are always colder than the valleys.
6. Life in the country is less complicated than life in the city.
7. Africa is a richer continent than Europe.
8. Taxi drivers' income is more than farmers' income.

Make sentences using these elements:
e.g. Mae India'n fwy cyfoethog na Thwrci.
Mae Twrci'n llai cyfoethog nag India.

1.	Lloegr	poblog	Cymru
2.	Cymru	diwydiannol	Iwerddon
3.	y Swistir	mynyddig	yr Iseldiroedd
4.	yr Almaen	cyfoethog	Groeg
5.	Gwlad Belg	gwastad	Cymru
6.	Cymru	gwledig	Iwerddon
7.	y Swistir	tlawd	Sudan
8.	Sweden	coediog	Denmarc

Adjectives Step 7

Translate these sentences:
1. She was the stronger of the two.
2. They were the quickest runners in the race.
3. Although we are the best, we were not chosen.
4. Did you win the race? No, I was third.
5. Which building is the highest in New York?
6. The Welsh news is the most interesting.
7. The tide in Swansea is the second highest in the world.
8. That's the saddest thing I've heard this year.

Make sentences including these elements:
e.g. Everest ydy'r mynydd mwyaf uchel yn y byd.

1.	y Swistir	cyfoethog	Ewrop
2.	yr Wyddfa	uchel	Cymru
3.	Caerdydd	poblog	Cymru
4.	Gwyddoniaeth	diflas	ysgol
5.	Sioned	prydferth	dosbarth
6.	John	cyflym	ras
7.	yr Alban	mynyddig	Prydain
8.	rygbi	poblogaidd	Cymru

Adjectives Step 8

Translate these sentences:
1. Nuclear energy is specially dangerous.
2. Nuclear waste is awfully poisonous.
3. Plutonium is exceptionally dangerous.
4. Television can be unbelievably boring.
5. Wind power is remarkably safe.
6. The girl was seriously ill.
7. Gas can be astoundingly useful.
8. Transporting oil is enormously difficult.

Correct these sentences:
1. Mae ynni niwclear yn ofnadwy peryglus.
2. Rydyn ni'n defnyddio ofnadwy gormod o drydan.

3. Mae ynni naturiol yn hynod pwysig i ddyfodol y byd.
4. Mae dibynnu ar un math o ynni'n difrifol o ffôl.
5. Ydych chi'n gwybod bod ynni niwclear yn beryglus iawn dros ben?
6. Mae tanau glo'n gallu bod yn dros ben o beryglus.
7. Os ydy nwy yn gollwng, mae'n gallu achosi damweiniau eithriadol cas.
8. Mae ynni gwynt yn mwy diogel nag ynni niwclear.

Adjectives Step 9

Put adjectives which are opposite in meaning in these sentences:
1. Roedd y noson yn hwyliog iawn.
2. Mae'r trefniadau teithio'n gyfleus.
3. Maen nhw'n credu eu bod nhw'n bwysig.
4. Roedd hi'n ymddwyn mewn ffordd anweddus iawn.
5. Ydy'r cwpwrdd yn dal yn drefnus?
6. Rydw i'n barod i helpu fy hen goleg.
7. Mae'r cinio'n flasus iawn.
8. Mae hi wedi mynd yn ferch ddibynnol iawn.

Change the adjectives in these sentences, using ones which are opposite in meaning:
1. Roedd y chwaraewyr yn amyneddgar iawn.
2. Roedd y dyfarnwr yn brofiadol dros ben.
3. Doedd y gôl gyntaf ddim yn ddibwys.
4. Gwnaeth hi'r gwaith yn ofalus.
5. Mae'r stori'n un ystyrlon.
6. Maen nhw'n bobl drefnus.
7. Nhw yw'r rhai mwyaf twyllodrus yn y dref.
8. Mae hi'n ferch deimladwy iawn.

Adjectives Step 10

Translate:
1. The cheap looking book.
2. An excellently prepared meal.

3. The wonderfully cooked food.
4. A cleverly written letter.
5. A solidly built bridge.
6. The quickly running stream.
7. A half-read novel.
8. The excellently painted picture.

Put appropriate phrases in the gaps:
ychydig bach, ddim hanner da, ychydig bach yn rhy, cymharol rad, ddim hanner call, lled dda, hollol benderfynol, dros ben

1. Roedd y siwt _____ gostus i fi, felly phrynais i mohoni hi.
2. Roedd y crysau'n rhad _____, felly prynais i bump.
3. Roedd y sgert _____ yn fach, felly es i â hi yn ôl i'r siop.
4. Mae'r siop hon yn _____, felly rwy'n prynu yno'n eithaf aml.
5. Rydw i'n teimlo'n _____, rydw i bron wedi gwella.
6. Mae e yn y gwely o hyd – dyw e _____.
7. Aethoch chi i nofio ddydd Nadolig? Dydych chi _____.
8. Rydw i'n _____ o wneud y gwaith yn iawn y tro hwn.

Adjectives Step 11
Change these sentences, following this pattern:
Mae modd bwyta'r cig.   >   Mae'r cig yn fwytadwy.

1. Mae modd gweld yr effaith.
2. Mae modd yfed y gwin.
3. Mae modd gweld y gwahaniaeth.
4. Mae modd cofio'r perfformiad.
5. Mae modd darllen y llyfr.
6. Roedd modd deall y neges.
7. Roedd modd credu'r stori.
8. Roedd modd bwyta'r caws.

Translate these sentences:
1.   The food was edible, but the water wasn't drinkable.
2.   The music is pleasant, and the actors are very able.
3.   The Welsh think that they are a cultured people.
4.   Although the film was awful, we had a satisfactory evening.
5.   An elected body is better than a selected one.
6.   Don't talk to me about politicians. They're all corrupt.
7.   Sustainable growth? What does than mean?
8.   She was a kind, dreamy woman.

Adjectives Step 12

Correct these sentences:
1.   Mae chwaraewyr Cymru heddiw cyn gynddrwg â phlant.
2.   Dydy'r swper ddim cyn gystled â'r cinio.
3.   Roedd y gwaith cartref mor hawsed â'r gwaith dosbarth.
4.   Mae siop Aldo cyn rated â'r archfarchnad.
5.   Fydd y tywydd eleni ddim mor syched â'r tywydd y llynedd.
6.   Dydy ddim wedi bwrw cyn gymaint eleni.
7.   Dydy'r ffilm ddim hanner mor gystal â'r llyfr.
8.   Roedd y ferch mor fached â'i mam.

Change the long form of these adjectives to the short form:
1.   Mae'r ganrif hon mor wlyb â'r ganrif ddiwethaf.
2.   Bydd y tywydd mor boeth â'r haf.
3.   Roedd y gwanwyn mor fyr â'r gaeaf.
4.   Dydy'r hinsawdd ddim mor oer ag y buodd.
5.   Doedd y tymheredd ddim mor isel â ddoe.
6.   Dydy'r Wyddfa ddim mor uchel â'r Alpau.
7.   Ydy Affrica mor boeth ag India?
8.   Mae'r haf yng Nghymru mor fyr â'r gaeaf yn Awstralia.

Adjectives Step 13

Translate these sentences:
1.   Is Cader Idris higher than Pumlumon?
2.   Harlech castle is smaller than Caernarfon, but it is prettier.

3. She's wiser than her brother.
4. Of the two towns, Pwllheli is the prettier.
5. He was a better poet than his father.
6. The river was much wider near the sea.
7. Newport is lower than Pontypridd in the league.
8. Hungarian wine is redder and drier than French wine.

Change the long forms of these adjectives into short forms:
1. Mae'r wlad yn fwy iach na'r dref.
2. Ydy Caerdydd yn fwy pert na Wrecsam?
3. Mae Blaenau Ffestiniog yn fwy gwlyb na Chasnewydd.
4. Mae ceffyl yn gallu rhedeg yn fwy cyflym na chi.
5. Mae hi'n fwy rhad teithio ar y bws.
6. Roedd wyneb y ferch yn fwy gwyn na phapur.
7. Roedd y bachgen yn fwy ifanc na'i chwaer.
8. Roedd y nos yn fwy du na bola buwch.

Adjectives Step 14

Change the long form of these adjectives to the short form:
1. Yr Wyddfa yw'r mynydd mwyaf uchel yng Nghymru.
2. Beth yw'r ffordd fwyaf hawdd o ddysgu Cymraeg?
3. Prynais i'r dillad mwyaf drud yn y siop.
4. Pa un yw'r bryn mwyaf isel?
5. Neithiwr oedd noson fwyaf tywyll y gaeaf.
6. Mae hi'n tyfu'r tomatos mwyaf coch yn yr ardal.
7. Fy nhad-cu yw'r person mwyaf hen yn y gogledd.
8. Dydy ei char hi ddim yn un o'r mwyaf cyflym.

Put an appropriate adjective in the gaps:
hynaf, uchaf, cyntaf, gorau, gwlypaf, nesaf, gwaethaf, sychaf
1. Yr Wyddfa yw'r mynydd _____ yng Nghymru.
2. Methusula yw'r person _____ yn y Beibl.
3. Gwnaeth hi ei _____ glas dros ei mam.
4. Y _____ i'r felin gaiff falu.
5. Mis Tachwedd yw mis _____ y flwyddyn.

6. Mis Mehefin yw'r mis _____, fel arfer.
7. Er _____ popeth, fe basiodd hi'r arholiad.
8. Dydw i ddim yn hoff iawn o bobl drws _____.

Translate these sentences:
1. She was far better than her brother at school.
2. They worked harder today than yesterday.
3. He is clearly the better of the two candidates.
4. Whatever they think of it, they will have to do the work.
5. The more people are here, the more food we will have to cook.
6. However careful we'll be, we'll always make mistakes.
7. Gwynfor Evans was the greatest Welshman of the twentieth century.
8. It's much better to stay at home if you're ill.

Adjectives Step 15

Translate these sentences:
1. The more people who hunt, the more danger there is to animals.
2. The greater the danger, the more he likes climbing.
3. The more people who buy in the shop, the least expensive the clothes will be.
4. The more often I see the film, the more I like it.
5. The sooner the better he does the work.
6. Whichever way you look at it, it doesn't make sense.
7. The sooner you drink, the quicker we can leave.
8. However expensive it is, I'm going to buy it.

Put these phrases in the gaps:
gorau oll, po fwyaf, beth bynnag, pa faint bynnag, pa mor, po leiaf, lle bynnag, pryd bynnag
1. _____ rydw i'n mynd i'r gwely, rydw i'n blino wrth godi.
2. Gorau _____ o bobl fydd yn dod i'r parti.
3. Po fwyaf rydw i'n ymarfer, _____ rydw i'n chwarae.
4. Rydw i am brynu hwn, _____ yw'r pris.
5. _____ ddrud bynnag ydy e, mae hi am ei gael.

6. Gorau _____ rydw i'n clywed amdanyn nhw.
7. Mae'r wlad yn braf, _____ rydych chi'n mynd.
8. Mae hi mor oer, byddwch chi'n rhewi _____ byddwch chi'n ei wisgo.

Nouns Step 1

Put these words after 'y' or 'yr':

1. mam yng nghyfraith
2. gast
3. mam-gu
4. cefnder
5. cwrcyn
6. cyfnither
7. tarw
8. cath
9. gardd
10. hwch
11. dafad
12. buwch
13. mochyn
14. chwaer
15. brawd
16. modryb

Correct these sentences:

1. Mae dau chwaer ac un brawd gen i.
2. Mae tri ci a dwy gath yn y tŷ.
3. Mae dau ystafell wely yn ein tŷ ni.
4. Dim ond un long oedd ar y môr.
5. Rydyn ni'n chwilio am dŷ gyda thri ystafell.
6. Roedd y ddwy merch wedi gadael y tŷ.
7. Mae un merch ac un mab ganddyn nhw.
8. Dydyn ni ddim wedi gweld y menyw lanhau.

Nouns Step 2

Translate these sentences:

1. The people are working hard.
2. The librarian has read a few books.
3. She's the chairman of the committee.
4. Have you had a receipt?
5. Do you understand the new technology?
6. I can use a computer, but I can't type.
7. Has the service started?
8. What is the difference between the two jobs?

Change the nouns in these sentences into feminine ones:

1. Mae'r cyfreithiwr yn gweithio'n galed.
2. Ydych chi'n nabod yr awdur?
3. Neidiodd y llew arno fe.
4. Mae un Sais ac un Cymro yma.
5. Athro ydw i – beth ydych chi?
6. Roedd Ceri'n ysgrifennydd yn yr ysgol.
7. Pan fydda i wedi gorffen yn y coleg, fi fydd organydd y capel.
8. Mae bywyd myfyriwr yn fywyd caled.

Nouns Step 3

Translate these sentences:

1. They had pleasant dreams.
2. The wives went on holiday.
3. We saw rivers, lakes and mountains.
4. The computers did not work.
5. The examinations are starting in a month.
6. There were miles of roads.
7. The Englishmen couldn't speak Spanish.
8. The mansion had lovely gardens.

Change the nouns in these sentences into the plural:

1. Ces i freuddwyd ddymunol neithiwr.
2. Roedd arwydd ar y wal.

3. Mae actor amatur yn actio heno.
4. Er mwyn osgoi cawod drom aethon ni adre.
5. Cerddais i am filltir cyn cyrraedd y cwm.
6. Roedd ei mab yn cofio ati hi.
7. Mae'r coleg yn cau'n gynnar eleni.
8. Mae hi wedi gorffen y traethawd o'r diwedd.

Nouns Step 4

Change the nouns in these sentences into the plural:
1. Roedd arddangosfa ardderchog yn yr amgueddfa ym Mharis.
2. Aeth yr ymgeisydd o gwmpas yr ysbyty.
3. Mae gwesty, llyfrgell a phwll nofio yng Nghaernarfon.
4. Eisteddai'r cardotyn ym mynedfa'r adeilad.
5. Enillodd cefnder y bardd y brif wobr.
6. Fe brynon ni fuwch a tharw – yn y gobaith o gael llo.
7. Roedd llythyr ym mhoced y postmon.
8. Mae angen hoelen i roi'r pren ar y postyn.

Correct these sentences:
1. Roedden nhw wedi cyrraedd y swyddfaoedd yn gynnar.
2. Ydy'r cyllellau a'r fforcau ar y bwrdd?
3. Maen nhw'n mynd i adeiladu pump o ysbytyau newydd.
4. Roedd y coed yn llawn deilennau gwyrdd.
5. Mae hi wedi pobi chwech o dyrth.
6. Mae gyrrwyr bysys ar streic heddiw.
7. Maen nhw'n aros yn y gwestau ger y môr.
8. Roedd llawer o bwllau glo yn y Rhondda.

Nouns Step 5

Translate these sentences:
1. I have written many letters to the councils.
2. They have started Welsh classes in the factories.
3. The hotels serve good meals.
4. The languages of the Greeks and Romans are still living.
5. There were loads of waste paper in the printing presses.

6. Floods occur many times during the year.
7. At times the notes were sung too loudly.
8. After many attempts, they scored tries.

Correct these sentences:
1. Doedd hi ddim yn hoffi canu'r nodiadau uchel.
2. Mae'n rhaid bwyta prydiau twym yn y gaeaf.
3. Rhoddodd hi lawer o gynghorau i fi.
4. Roedd y pwysi gwaith yn fawr.
5. Mae bywyd yn galed ar lwythi Affrica.
6. Mae'n well gwneud nodau cyn ysgrifennu traethawd.
7. Roedd y wlad yn braf, a choed ar y bronnau.
8. Rydw i wedi prynu chwech o bwysau o afalau.

Nouns Step 6

Put appropriate nouns in the gaps:

torthau, pwysi, pentyrrau, tuniau, pacedi, poteli, sacheidiau, biniau

1. Prynais i _____ o win.
2. Roedd hi wedi pobi _____ o fara.
3. Roedd _____ o fenyn yn yr oergell.
4. Rydyn ni'n agor _____ o ffa i swper bob nos.
5. Mae'r _____ o siwgr ar y silff uchaf.
6. Roedd _____ o lo o flaen siop y garej.
7. Mae _____ o lyfrau ar fwrdd y llyfrgell.
8. Mae'r _____ sbwriel yn cael eu casglu bob dydd Llun.

Translate these sentences:
1. Tons of food are being sent to Sudan.
2. Europe has mountains of butter and lakes of wine.
3. I hate eating cabbage and carrots.
4. There was famine in the country after the drought.
5. She felt joy and sadness at the same time.
6. The weather changes suddenly from heat to cold.
7. We're having potatoes, peas, beans and meat for dinner.
8. She made plum and strawberry jam.

Nouns Step 7

Give the opposite of these nouns:

1. y tlawd·
2. yr amharchus
3. y gwych
4. y melys
5. y drwg
6. y doeth
7. yr ifanc
8. yr afiach

Put appropriate plural nouns in the gaps:
gweiniaid, meirwon, enwogion, cyfoethogion, deillion, duon, goreuon, tlodion

1. Y _____ sy'n berchen y rhan fwyaf o dir y wlad.
2. Mae'r _____ yn byw mewn tai pren ar ymyl y ddinas.
3. Doedd dim llawer o hawliau gan y ____ yn Ne Affrica.
4. 'Gwlad beirdd a chantorion, _____ o fri.'
5. Mae gan y _____ gŵn i'w helpu nhw ar strydoedd y dref.
6. Mae Gwenallt yn sôn am bobl oedd wedi dioddef yn ei gerdd
   'Y ____'.
7. Ar ôl cael y marciau uchaf, Huw a Jac oedd y _____.
8. Derbyniodd yr ysbyty'r _____ .

Nouns Step 8

Say what is the function of the underlined words:
(e.g. subject, object, adjective, genitive)

1. <u>Ymarfer</u> yw'r peth pwysig cyn arholiad.
2. Mae e'n casáu <u>coginio</u>.
3. Doedd dim papur <u>ysgrifennu</u> ar ôl yn y tŷ.
4. Dyma gopi o raglen y <u>dathlu</u>.
5. Ydych chi'n aelod o'r pwyllgor <u>penodi</u>?
6. <u>Cerdded</u> yw'r math gorau o ymarfer.
7. Maen nhw'n hoffi <u>bwyta</u> bwyd Indiaidd.
8. Ydych chi wedi clywed canlyniad y <u>cystadlu</u>?

Form verb-nouns from these nouns:

1. cwsg –
2. cystadleuaeth –
3. gwên –
4. taith –
5. blodyn –
6. dŵr –
7. rheol –
8. gofid –
9. pryder –
10. trefn –

Nouns Step 9

Connect words in the left-hand column with ones in the right-hand column:

1.	strydoedd	pobl ddigartref
2.	Senedd	cartref
3.	Prifysgol	y nos
4.	Eglwys	eliffant
5.	tlodi	y ddinas
6.	gwaith	Ewrop
7.	tywyllwch	Cymru
8.	croen	y Santes Fair

Fill the gaps in these sentences:
siopau, lloches, cam-drin, gwehilion, diweithdra, dioddef, ymdrechion, cynghorau

1. Mae angen _____ ar y digartref.
2. Mae rhai'n credu mai _____ cymdeithas yw'r digartref.
3. Yn anffodus, mae _____ plant wedi mynd yn gyffredin.
4. Mae rhai _____ tref yn darparu adeilad arbennig i'r digartref.
5. Ydy _____ yn broblem fawr yn eich ardal chi?
6. Mae llawer yn gorfod cysgu yn nrysau _____.
7. Dydy ystadegau ddim bob amser yn datgelu maint y _____.
8. Er gwaethaf _____ mudiadau gwirfoddol, mae'r broblem yn parhau.

Nouns Step 10

Translate these sentences:

1. After the closure of the factory, the town council tried to do something.
2. The band's new record was played in the TV programme.
3. Do you want to spend the rest of your life in an old people's home?
4. Are the countries of Europe trying to help the countries of the third world?
5. The team's hope was to win the world cup.
6. Youth is wasted on the young.
7. The teaching of Welsh should be compulsory in the west of England.
8. The disabled and the aged should have more shopping facilities.

Put two-word phrases for the following:

1. siop fawr sy'n gwerthu pob math o bethau
2. adeilad dan do sy'n cynnwys llawer o siopau bach
3. adeilad sy'n dangos lluniau a cherfluniau
4. lle rydych chi'n gallu mynd iddo i chwilio am waith
5. yr enw cyffredinol ar system bysiau a threnau
6. y lefel isaf o lysoedd
7. sgwâr i barcio ceir
8. arian sy'n cael ei dalu i'r llywodraeth ar enillion

Nouns Step 11

Translate these sentences:

1. What is 'milk' in south-Walian Welsh?
2. What is 'grandmother' in north-Walian Welsh?
3. Welsh is one of the small languages of Europe.
4. There are around 35 small languages in Europe, including Basque, Irish and Catalan.
5. More people speak Catalan than Danish and Norwegian.
6. There are good stories about the Welsh, the English and the Irish.

7. Why are stories about the Irish so simple? So that the English can understand them.
8. We visited Germany, Switzerland and Italy this year.

Correct these sentences:
1. Mae llawer o Saison yn byw yng nghefn gwlad Cymru.
2. Mae rhaid i bawb astudio Frangeg yn ein hysgol ni.
3. Beth yw hynny yng Nghymraeg? Mêl?
4. Beth yw 'nain' yn Gymraeg y de? Naw?
5. Roedd y nofel wedi ei hysgrifennu yn Gymraeg da.
6. Rydych chi'n siarad Cymraeg dda iawn.
7. Dysgodd y myfyrwyr Cymraeg mewn mis.
8. Ydych chi wedi bod yng ngwersyll yr Urdd ym Mala?

Nouns Step 12

Correct these sentences:
1. Dywedodd yr Arlywydd America ei fod yn mynd i ymddeol.
2. Beth yw 'llefrith' mewn Saesneg y de?
3. Ydych chi wedi clywed am dywysog Llywelyn yr ail?
4. Beth yw eich barn chi am yr ysgrifennydd y cynulliad?
5. Annwyl yr Arglwydd Elvis-Thomas, Diolch am eich llythyr…
6. Mae'r senedd yr Alban yng Nghaeredin.
7. Roedd yr Esgob Bangor yn siarad yn y neuadd.
8. Mae'r afon Tawe a'r afon Taf yn llifo i'r Môr Hafren.

Translate these sentences:
1. I saw the Bishop of Bangor this morning.
2. We're writing to Councillor Jones.
3. Was Glyndŵr the last Prince of Wales?
4. Here's Professor Williams – he wrote the book on Welsh history.
5. Who is our Assembly Member?
6. I've met the First Secretary of the Assembly.
7. She's working for the University of Wales Press.
8. She is the captain of the Welsh rugby team.

Pronouns Step 1

Put an appropriate pronoun in these gaps:

1. Rydyn __'n yfed coffi.
2. Maen ___ eisiau dod gyda ni.
3. Dydw ___ ddim yn hoffi te cryf.
4. ___ ydy'r athrawes.
5. ___ ydy'r chwaraewr gorau.
6. Rwyt __'n lwcus iawn.
7. Ydych __ eisiau cael cwpaned arall?
8. Wyt ti'n ei ddysgu ___?

Correct these sentences:

1. Mae nhw'n codi'n gynnar.
2. Mae e'n braf iawn heddiw.
3. Ydy e'n naw o'r gloch?
4. Rydyn nhw'n hoffi llawer o siwgr.
5. Mae chi'n gorffen y gwaith yn gynnar heddiw.
6. Fi sy'n capten y tîm criced eleni.
7. Rydy e'n dechrau cysgu o'r diwedd.
8. E yw'r gorau yn y dosbarth.

Pronouns Step 2

Mutate the words between [ ] in these sentences:

1. Mae fy [tad-cu]'n dod o'r Rhondda.
2. Mae fy [brawd] yn gweithio mewn swyddfa.
3. Ydych chi'n nabod fy [tad]?
4. Rydw i'n nabod dy [mam-gu] di.
5. Rydw i'n gweld ei [tad] hi bob dydd.
6. Mae dy [brawd] di'n gweithio gyda fi.
7. Ble mae dy [cefnder] di'n byw?
8. Rydw i'n gweld ei [mab] e yn yr ysgol.
9. Ydy dy [cyfnither] di'n dod i de?
10. Ydych chi nabod ei [ewythr] hi?

Translate these sentences:
1. Do you know her father?
2. Have you met his cousin?
3. This is my wife.
4. Where is your brother tonight?
5. I saw his mother last night.
6. Her family comes from Cornwall.
7. I met their uncle in town.
8. I hope my husband is listening.

Pronouns Step 3

Put a pronoun instead of a noun in these sentences:
e.g. Mae Mr Bakir yn gwerthu'r ddesg.
Mae e'n ei gwerthu hi.
1. Mae Mrs Jones yn gwerthu'r llyfrau.
2. Mae Mrs Evans wedi talu'r dyn.
3. Roedd hi'n darllen y papur.
4. Maen nhw'n gweld y ferch bob dydd.
5. Fe fyddan nhw'n prynu papur newydd bob bore Sadwrn.
6. Mae e'n moyn prynu'r gadair.
7. Roedden ni wedi gwerthu lamp, desg a ffilmiau.
8. Dydyn ni ddim yn gwerthu'r car.
9. Mae Mr Thomas yn talu'r plant.
10. Dydy e ddim wedi gwerthu'r lamp.

Correct these sentences:
1. Maen nhw'n fy talu i.
2. Roedd e wedi ei thalu e.
3. Rydyn ni'n gobeithio ei talu nhw.
4. Bydda i'n ei dalu hi yfory.
5. Roedden nhw wedi ei werthu hi.
6. Dydyn nhw ddim yn ei gwerthu e heddiw.
7. Dydw i ddim eisiau ei dalu hi.
8. Rydych chi wedi ei phrynu e'n rhad.

Pronouns Step 4

Translate these sentences:

1. I know that they live in north Wales.
2. Have you heard that she's leaving?
3. We hope that he's coming home.
4. Do you think that they're doing enough?
5. I believe that they're not making an attempt.
6. They know that I don't like living here.
7. She hopes that I'm going to get the money.
8. They think that we're working too much.

Fill the gaps with appropriate words:

1. Ydych chi wedi clywed _____ ni'n mynd heno?
2. Mae hi'n credu _____ e wedi gorffen.
3. Rydw i'n gobeithio _____ hi ddim wedi gadael.
4. Maen nhw'n gwybod _____ i ddim wedi yfed neithiwr.
5. Rydw i'n siŵr _____chi wedi gweld hyn o'r blaen.
6. Ydych chi'n credu _____ nhw'n rhy ddrud?
7. Roedden nhw'n gobeithio _____ nhw'n mynd i ennill.
8. Oeddech chi'n gwybod _____ e ddim yn y tîm?

Pronouns Step 5

Put an infixed pronoun in the gaps, and mutate if necessary:

1. Rydw i wedi dod â ____camera.
2. Rydw i a ___ brawd wedi colli'r tocyn.
3. Rwyt ti a ____ mam wedi chwilio.
4. Mae e wedi rhoi'r llyfr i ___ tad.
5. Mae hi eisiau diolch i ___ rhieni.
6. Rydyn ni'n mynd i ___ ysgol.
7. Rydych chi wedi dod o ___ ysgol.
8. Maen nhw wedi mynd i ___ gwely.
9. Mae Siân yn mynd i'r dref efo ___ tad.
10. Mae Huw'n cerdded adre gyda ___ tad-cu.

Translate these sentences:
1. Talk to your father about it.
2. Bring my coat and my bag.
3. I don't believe her.
4. Do you answer them every time?
5. I've seen them do that before.
6. I hope that you've seen it in my garden.
7. We saw her working in her house.
8. I don't think that I've read it.

Pronouns Step 6

Ask questions to have these responses:
1. Mae e'n yfed coffi.
2. Maen nhw'n bwyta tri chwrs.
3. Roedd dwy weinyddes yma.
4. Daw'r bil ar unwaith, syr.
5. Roedden nhw'n bwyta dair gwaith y dydd.
6. Roedd hi'n bwyta selsig.
7. Rydw i wedi bod yma unwaith o'r blaen.
8. Hen gawl diflas yw e.

Correct these sentences:
1. Sawl cwpan ydy ar y silff?
2. Faint o fara mae e'n bwyta?
3. Sut brecwast gawsoch chi heddiw?
4. Beth ydy hi'n ei yfed i frecwast?
5. Sawl platiau sydd ar y bwrdd?
6. Beth roedd e'n siarad am?
7. Pa liw maen nhw?
8. Sut ydyn nhw'n gwybod?

Pronouns Step 7

Translate these sentences:
1. I understand these, but those verbs are impossible.
2. Did you learn this this week?

3. What's that in Welsh?
4. What's the meaning of that proverb?
5. From now on, I'm going to start taking these.
6. At the moment, I'm having difficulty with these pronouns.
7. This one was easy but that one is more difficult.
8. Have you seen those mutations before?

Put an appropriate word or words in the gaps:
honno, oherwydd hynny, hynny, rhain, y rheiny, hwnnw, ar hyn o bryd, erbyn hynny
1. Ydych chi'n nabod y ferch _____?
2. Mae'r _____ yn edrych yn ddeniadol.
3. Roedd hi'n rhy hwyr _____.
4. Aeth hi'n gynnar, ac _____ mae tipyn o amser gen i.
5. Rydw i wedi gweld y bachgen _____ o'r blaen.
6. Dydw i ddim yn eisiau gweithio _____.
7. Mae _____'n wir.
8. Rydw i wedi gweld _____ o'r blaen.

Pronouns Step 8
Put reduplicated pronouns in the gaps:
1. [hi] sydd ar fai.
2. [ni] yw'r pencampwyr.
3. [nhw] ydy'r lladron.
4. [hi] sy wedi colli'r tocynnau.
5. [nhw] sy heb wneud y gwaith.
6. [fe] sydd wedi mynd â'r bwyd.
7. [chi] sy wedi bod yn diogi.
8. [ti] sydd wedi gwneud y cawl.

Translate these sentences:
1. You were at it (as well).
2. And what about you?
3. He (also) has been in jail.
4. I will have to go (as well).

5. She was there (as well).
6. I went to Cardiff, and he to Swansea.
7. We (also) will have to leave.
8. Will you have to stay (as well)?

Pronouns Step 9

Translate these sentences:
1. They played against each other before the game.
2. We were shouting at each other after the goal was scored.
3. Are you talking to each other now?
4. I couldn't believe myself.
5. They persuaded themselves that they could play rugby.
6. We helped ourselves to the food.
7. She had locked herself in the kitchen.
8. After they had scored they kissed each other.

Correct these sentences:
1. Chwaraeon nhw yn erbyn eu gilydd.
2. Mae e'n ceisio eu wella'i hunain trwy weithio'n galed.
3. Roedden nhw eisiau eu mwynhau ei hunan ar y traeth.
4. Roedden ni'n chwarae gyda'i gilydd yn y parc.
5. Gwelais i nhw'n cystadlu yn erbyn eu gilydd.
6. Peidiwch â gweiddi ar ei gilydd!
7. Roedd y ddau yn y gornel yn cusanu'n gilydd.
8. Rhaid i chi wynebu ei gilydd ryw ddiwrnod.

Pronouns Step 10

Put an appropriate phrase in the gaps:
pob un, dyn, rheiny, unman, pa un, un yma, dim un, un peth
1. Roedd ___ yn arfer credu bod gwersylla'n ddymunol.
2. _____ o'r disgyblion sydd wedi gorffen ei waith?
3. Mae _____ wedi gorffen.
4. Does _____ ar ôl.
5. Ewch â'r _____ – mae'n well na'r lleill.
6. Fe brynais i'r llyfr yma ddoe – ond mae e'r _____ â'r llall.

7. Doedd y tocyn ddim i'w weld yn _____.
8. Mae'r rhain yn iawn, ond mae'r _____'n well.

Translate these sentences:
1. Which of these is best?
2. I think that they are all the same.
3. Are you talking about these or those?
4. One would think that they were all sleeping.
5. Some of them are climbing tomorrow.
6. Some children go there every year.
7. I have been there once.
8. I cannot see it anywhere.

Pronouns Step 11

Correct these sentences:
1. Bydda i'n gwella rhyw ddiwrnod.
2. Dydw i ddim yn hoffi hyn rhyw lawer.
3. Mae rhywbeth fawr o'i le arno fe.
4. Dywedodd rywun fod afalau'n dda.
5. Wnaiff unrhyw moddion y tro?
6. Mae e wedi rhoi'r pils i ryw deg o bobl.
7. Mae sawl pethau i'w gwneud.
8. Sawl meddygon sy wedi galw?

Translate these sentences:
1. Can anyone help?
2. Have you heard anything?
3. There's something strange about her.
4. He gave me some nasty pills.
5. How many beds are there in the ward?
6. There are several things missing.
7. Is there any hope left?
8. Someone should look after him.

Pronouns Step 12

Translate these sentences:

1. There are far too many people in the class.
2. How many non-Welsh speakers send their children to the school?
3. Are there many Welsh schools in the area?
4. A pound of potatoes and some peas, please.
5. Some of the class knew the work, but the remainder of the pupils didn't.
6. I have quite enough homework tonight.
7. Very few people learn French well in school.
8. There are a number of things one must know about mutations.

Correct these sentences:

1. Does dim lawer o ddosbarthiadau Cymraeg yn Llundain.
2. Roedd llawer digwyddiadau'n cael eu cynnal yn y pentref.
3. Bydd llawer iawn dysgwyr yn mynd i'r eisteddfod.
4. Mae sawl dysgwyr yn mynd ymlaen i'r coleg.
5. Roedd llawer gormod o Sais yn byw yn y pentref.
6. Does dim rhywun yn mynd i'r dosbarth.
7. Mae hen ddigon pobl yn y coleg erbyn hyn.
8. Faint mewnfudwyr sydd yn eich ardal chi?

Pronouns Step 13

Translate these sentences:

1. I look at all the books every day.
2. I had no idea that they were completely wrong.
3. Everyone else had finished all the work perfectly.
4. There's nothing important in the paper – it's all gossip.
5. They spent all their money on food – there's none left for saving.
6. This bank offers the highest interest of all.
7. We gradually became poorer each year.
8. None of us had heard that we were all out of a job.

Correct these sentences:

1. Mae neb yn gwybod beth sy'n digwydd.
2. Roedd yr oll arian wedi diflannu.
3. Ble mae i gyd o'r llyfrau wedi mynd?
4. Roedd dim byd ar y ddesg.
5. Collodd Huw ei oll arian yn y fenter.
6. Mae'r wlad holl mewn trafferthion economaidd.
7. Bydd oll weithwyr y banc yn mynd ar streic.
8. Roedd yr holl wlad i gyd yn poeni am y sefyllfa.

Put these words in the gaps:
holl, oll, pob dim, pawb, pob un, neb, cyfan,
yn gyfan gwbl, hollol, wedi'r cwbl, i gyd, dyma

1. Does _____ yn fy nghredu.
2. Bydda i yma yn y gell am yr _____ fisoedd nesaf, _____
   ar fy mhen fy hun, a hyn _____ am fod fy ffrind wedi dweud
   celwydd.
3. Mae'r sefyllfa'n _____ annheg.
4. Rwy'n teimlo bod _____ yn fy erbyn i.
5. _____, roedd _____ oedd wedi fy ngweld y diwrnod
   hwnnw wedi dweud imi dreulio'r dydd _____ yn y caffe.
6. Erbyn hyn mae'r _____ drosodd.
7. Rydw i wedi gwneud _____ _____ i ddod yn rhydd.
8. Fe gollais i'r achos yn y llys, a _____ fi.

Pronouns Step 14

Translate these sentences:

1. On the one hand it is convenient, but on the other hand it is
   unnecessary.
2. Neither one nor the other taught Spanish.
3. Between one thing and another they failed their exams.
4. The others listened while some of them worked.
5. Both lecturers taught both subjects.
6. Neither of the colleges taught German.
7. One teaches physics but the other teaches mathematics as well.
8. The other colleges specialise in economics.

Put a correct expression in the gaps:
llall, ar y llaw arall, lleill, ill, ddau, eraill, naill ai, naill

1. Ar y naill law mae'r coleg yn boblogaidd, ond _____ mae'n bell i ffwrdd.
2. Dydw i ddim yn nabod y _____ ddarlithydd na'r llall.
3. Maen nhw ___ dau yn gwneud yr un cwrs.
4. Roedd y ____ ohonyn nhw'n bwriadu mynd i Fangor.
5. Dydw i ddim wedi clywed am y naill goleg na'r _____.
6. Mae'r cwrs _____'n anodd, neu rydw i'n dwp.
7. Ydych chi chi wedi gweld y myfyrwyr ____?
8. Rydw i wedi gweld y _____ i gyd.

Adverbs

Adverbs Step 1

Translate these sentences:

1. The patient feels awful.
2. The old man is getting better slowly.
3. The doctor doesn't get up early.
4. The nurse is not working quickly.
5. The young man is smiling happily.
6. They're looking tired.
7. She isn't looking well.
8. The doctor is working hard.

Put appropriate words in the gaps, and mutate where necessary: rhyfeddol, cyfoethog, blinedig, cynnar, tawel, llon, cyflym, da

1. Roedd y claf wedi gwella'n _____.
2. Ar ôl methu â chysgu, roedd e'n edrych yn _____ iawn.
3. Roedd e'n _____ ar ôl ennill y loteri.
4. Dydy hi ddim yn edrych yn _____ ar ôl cael y salwch.
5. Maen nhw wedi codi'n _____ i weld y wawr.
6. Mae'r plant yn cysgu'n ____, diolch byth.
7. Mae hi wedi ennill y ras ar ôl rhedeg yn _____.
8. Roedd y baban yn gwenu'n _____ trwy'r dydd.

Adverbs Step 2

Put appropriate adverbs in the gaps:

1. Mae'r tegell wedi berwi'n ____.
2. Yn anffodus, maen nhw wedi colli'r gêm yn _____.
3. Mae hi'n bryd i mi siarad yn blwmp ac yn ____.
4. Mae rhaid i chi ystyried y peth yn _____.
5. Rydw i'n cytuno'n _____ â chi.
6. Maen nhw wedi blino'n __ ar ôl gweithio.
7. Roedd y tŷ wedi llosgi'n ____.
8. Mae angen paratoi'n _____ cyn yr arholiad.

Translate these sentences:

1. You have to listen attentively to the doctor.
2. If you score more points, you are going to win easily.
3. We have to work hard in the ward.
4. The patients are all sleeping soundly.
5. The nurse agrees completely with the doctor.
6. She's giving too many tablets to the patient.
7. He was tired out after working all day.
8. The food has burnt to a cinder.

Adverbs Step 3

Put appropriate words in the gaps:
bore yfory, wedyn, echdoe, erioed, bob amser, toc, eisoes, y llynedd

1. Maen nhw'n mynd i adael y cartref _____.
2. Roedden nhw wedi cyrraedd _____.
3. Mae hi'n galw gyda ni, _____ mae hi'n mynd atoch chi.
4. Mae hi yno ers amser – cafodd hi le yn y cartref _____.
5. Ydych chi _____ wedi bod mewn cartref hen bobl?
6. Mae e _____ yn cymryd gofal mawr.
7. Ydy hi'n saith o'r gloch yn barod? Fe fyddan nhw yma ___.
8. Mae e _____ wedi gorffen y gwaith, chwarae teg.

Translate these sentences:

1. They arrived last night.
2. Are we going to see the home tomorrow afternoon?
3. We haven't eaten this afternoon.
4. She has already left the house.
5. Has he ever visited his uncle in hospital?
6. You're never going to get better.
7. She is better this year than last year.
8. We no longer work there.

Adverbs Step 4

Put appropriate words in the gaps:

gartref, i ryw raddau, bob yn ddau, ymaith, i gyd, gyferbyn, cynddrwg, adref

1. Ydy Mrs Evans _____, os gwelwch yn dda?
2. Mae hi'n gallu cerdded _____ ar ei phen ei hun.
3. Mae'n rhaid i blismyn gerdded _____ ar nos Sadwrn.
4. Rydw i wedi dod i fyw _____ â chi.
5. Er bod y bwyd wedi llosgi, dydy'r blas ddim _____.
6. Mae'r clefyd wedi gwella, _____.
7. Fe aeth e _____ heb ddweud dim.
8. Ydych chi wedi bwyta'r bwyd _____?

Translate these sentences:

1. The weather isn't looking so bad today.
2. You have to take the tablets three at a time.
3. The programme was over before they had put the television on.
4. We stayed at home during the holidays.
5. I don't like picture, well not as much as that.
6. Have you been away this year?
7. I feel much better after taking the medicine.
8. Did you see the books – they were underneath.

Adverbs Step 5

Translate these sentences:

1. Unfortunately, they won the game easily.
2. She stayed at home, although it was fine yesterday afternoon.
3. We went home early because we were tired out.
4. Listen carefully, and you'll be probably be able to finish the work.
5. I feel awful although I look better.
6. The doctor had never seen these symptoms before.
7. Having prepared thoroughly, the students passed easily.
8. As far as I know, it's still raining heavily.

Put appropriate phrases in the gaps:

1. Dydyn nhw yn gwaethygu (*in any case*).
2. Dydw i ddim yn credu bod dim o'i le arni hi, (*personally*).
3. Clefyd y gwair sydd arnoch chi (*probably*).
4. Mae'r clefyd yn ddifrifol (*unfortunately*).
5. Roedd y nyrs wedi gwneud ei gorau (*fair play*).
6. Mae'r gwaith ar fin dod i ben, wel (*more or less*).
7. (*As a matter of fact*), does dim syniad gen i.
8. Bydd hi'n gwella (*eventually*).

Adverbs Step 6

Put appropriate phrases in these gaps:
ac eithrio, eto i gyd, ar y cyfan, yn y cyfamser, chwaith, gyda llaw, fel rheol, mwyach

1. Rydw i'n hoffi'r bwyd, _____'r cig moch.
2. Mae hi _____ yn cyrraedd y gwaith yn gynnar.
3. Mae'r gwaith wedi ei wneud yn eitha da, _____.
4. Roeddwn i ar wyliau, ac _____ fe wnaeth hi gawl o bopeth.
5. Roedd hi'n dda yn y cyfweliad, _____ doeddwn i ddim yn siŵr a oedd hi'n haeddu'r swydd.
6. _____, beth yw ei henw cyntaf hi?
7. Dydyn nhw byth yn dod yma _____.
8. Dydw i ddim wedi gweld y papur, na'r llythyr _____.

Translate these sentences:

1. Does he usually arrive early?
2. I want to have at least one good result.
3. I have only four envelopes left.
4. I like everything except typing.
5. In spite of that, I hope to get the job.
6. I'm late at least once a week.
7. Do you as a rule do the word processing in your office?
8. On the whole, I like going to work.

Adverbs Step 7

Translate these sentences:

1. She isn't half well.
2. The train arrived fairly late.
3. They left far too late.
4. Although the plane was comparatively full, we had enough room.
5. It was quite late, but the hall wasn't a quarter full.
6. It's far too late to say if it's safe enough.
7. The food was really good – we're most grateful.
8. Because the train was a little late we missed the connection.

Translate these sentences:

1. I got up far too early.
2. I went by taxi because I was a little late.
3. The train was extremely late.
4. We missed the boat because it left too early.
5. It was fairly late so we went before it was too dark.
6. You're quite right. The train was rather slow.
7. It was quite early in the morning, and the sun was rising very slowly.
8. The journey started very quickly, but the traffic was quite slow afterwards.

Numerals Step 1

Fill the gaps with words:

1. Mae [2 + merch] wedi cael eu lladd heddiw mewn damwain rhwng [2 + trên] yng Nghasnewydd.
2. Mae [33 + pobl] wedi cael eu hanafu'n ddifrifol.
3. Mae [22 + dyn] a [6 + menyw] yn yr ysbyty.
4. Mae nifer y di-waith yng Nghymru wedi codi i 98,543.
5. Mae hyn 4,206 yn fwy na'r mis diwethaf.
6. Mae 2,304 o bobl wedi colli eu gwaith yn y diwydiant dur yn ystod y mis.
7. Mae Cynulliad Cymru'n gobeithio denu 5,500 o swyddi newydd i Gymru yn ystod y flwyddyn.
8. Mae adroddiad heddiw yn dweud bod 87 y cant o fyfyrwyr Cymru'n yfed gormod.

Give words for these rugby results:

1. Llanelli 36   Pontypridd 16
2. Caerdydd 98   Wasps 24
3. Abertawe 53   Northampton 29
4. Harlequins 72   Sale 35
5. Castell-nedd 19   Casnewydd 15
6. Caerloyw 46   Caerfaddon 28
7. Glynebwy 23   Toulouse 17
8. Pen-y-bont 29   Toulon 18

Numerals Step 2

Give the opening and closing times of the bank in words:

1. Llun   9.20 – 12.25   1.35 – 4.30
2. Mawrth   9.15 – 12.20   1.25 – 4.40
3. Mercher   10.20 – 12.50   1.50 – 4.35
4. Iau   10.05 – 12.45   1.40 – 4.50

| 5. | Gwener | 9.05 – 12.30 | 1.30 – 5.20 |
| 6. | Sadwrn | 10.00 – 12.30 | |

Put these amounts in words:
1. £1.83
2. £12.45
3. £18.31
4. £20.15
5. £17.20
6. £16.12
7. £25.50
8. £45.90

Numerals Step 3

Translate these sentences:
1. He's twelve years old.
2. I have been waiting for two years.
3. He was living here ten years ago.
4. It's five years since I was here.
5. How many people spoke Welsh twenty years ago?
6. He's had to wait eleven years for an operation.
7. The wine is at least seven years old.
8. Where were you eighteen years ago?

Correct these sentences:
1. Roeddwn i yng Nghaerdydd pum mlwyddyn yn ôl.
2. Mae e'n byw yma ers naw blwyddyn.
3. Ydych chi'n gwybod ei bod hi'n saith mlwyddyn oed?
4. Daeth hi yma ugain mlwyddyn yn ôl.
5. Mae'r gwin yma tua chwe blynyddoedd oed.
6. Roedd e'n credu bod ei wraig yn un flwyddyn ar hugain oed.
7. Roedd hi'n pum mlynyddoedd oed pan aeth hi i'r ysgol.
8. Mae e'n dysgu yn yr ysgol ers deng mlwyddyn ar hugain.

Numerals Step 4

Write these:

1. $5 \frac{7}{8}$
2. $6 \frac{3}{4}$
3. $3 \frac{4}{9}$
4. $10 \frac{1}{7}$
5. $3 \frac{1}{4}$
6. $8 \frac{5}{6}$
8. $21 \frac{8}{9}$
9. $7 \frac{2}{3}$

Translate these sentences:

1. I asked for half a pint and I got a full pint.
2. He hasn't eaten a third of the food.
3. We are going to make a profit on half the customers.
4. An eighth of the bottle has not been drunk.
5. We'll make a profit of an eighth, if we're lucky.
6. She says that a sixth of the tables are empty.
7. Two thirds of the bacon is left.
8. Three-quarters of a pound of flour, please.

Numerals Step 5

Fill the gaps in these sentences:

1. Fe ganwn yr [2] emyn yn y llyfr.
2. Fe ddarllenwn o [2 + llythyr] Paul at y Corinthiaid.
3. Dyma'r [7] adnod o'r [4 + pennod].
4. Ydych chi wedi darllen llythyr [1] Paul at y Rhufeiniaid?
5. Rydw i'n hoffi'r [8] salm.
6. Ydych chi wedi darllen y [9 + pennod] o Genesis?
7. Ydy hanes geni'r Iesu yn yr [8 + pennod] o Efengyl Mathew?
8. Gwrandewch ar eiriau'r proffwyd yn y [4 + pennod], a'r [5 + adnod].

Translate these sentences:
1. The sixth question was very difficult.
2. He's read the second chapter instead of the fourth.
3. We're singing the seventh hymn, not the tenth.
4. Have you read the eighth chapter of Genesis?
5. We're studing the fourth psalm.
6. She was the second person to answer the question wrongly.
7. I was the first to arrive.
8. Will you turn to the fifth chapter?

Numerals Step 6

Note the date, e.g.

Mae Siôn yn dathlu ei ben blwydd ar y deuddegfed o Chwefror.

1. 14 Ionawr   Gwilym
2. 19 Mawrth   Nona
3. 31 Mai   Mari
4. 18 Mehefin   Meryl
5. 23 Gorffennaf   Shaun
6. 28 Medi   Gaynor
7. 15 Tachwedd   Lee
8. 16 Rhagfyr   Gwydion

Translate these sentences:
1. It's his eighteenth birthday tomorrow.
2. We're celebrating their fortieth wedding anniversary.
3. Are they hoping to celebrate her twenty-first birthday?
4. It's the twenty-fourth of August today.
5. We're going there on the nineteenth of June.
6. Christmas is on the twenty-fifth of December this year.
7. Which day is the fourteenth of May?
8. He's retiring after playing his fiftieth game for Wales.

Clauses

Clauses Step 1

Translate these sentences:
1. If it rains, I'm not going.
2. I think the party starts at seven o'clock.
3. She likes eggs but she doesn't like bacon.
4. I know the student who's arranging the party.
5. We're not sure whether Jane is able to go.
6. I'm driving because she lives in Fishguard.
7. Mary's drinking because she isn't driving.
8. Read the book or go to see the film.

Write the main clause in these sentences:
1. Os ydy hi'n bwrw eira dydw i ddim yn mynd.
2. Rydw i'n credu bod y parti'n gorffen am ddeg.
3. Mae Kay'n yfed achos dydy hi ddim yn gyrru.
4. Os ydy hi gartref bydd hi'n dod gyda ni.
5. Ydych chi'n gwybod bod Huw'n dathlu ei ben blwydd heno?
6. Dydyn ni ddim yn siŵr ydy Siân yn gallu mynd.
7. Rydw i'n nabod y ferch sy'n trefnu'r parti.
8. Os ydy hi'n gyrru, rydw i'n gallu yfed.

Clauses Step 2

Change these sub-clauses into the negative:
1. Rydw i'n gwybod bod y merched yn gallu canu.
2. Roeddwn i'n credu bod y casét yn dda.
3. Rydyn ni'n credu bod y gân yn ddiflas.
4. Dydw i ddim yn credu bod y band yn dda.
5. Ydych chi'n credu bod y band wedi canu'n dda?
6. Ydych chi'n gwybod bod y band wedi canu ar y teledu neithiwr?
7. Rydyn ni'n credu bod y ferch wedi perfformio'n dda.
8. Mae Huw'n gobeithio bod y merched yn mynd i'r parti.

Correct these sentences:

1. Ydych chi wedi clywed ei fod y disgo'n dechrau am ddeg?
2. Maen nhw'n gwybod y record yn boblogaidd iawn.
3. Rydw i'n credu bod mae llais y ferch yn hyfryd.
4. Mae'r gitarydd yn poeni bod mae'r neuadd yn llawn.
5. Ydych hi'n credu mae hi'n gallu canu?
6. Rydw i wedi clywed fod ddim band byw yno heno.
7. Maen nhw'n credu fod y band dim yn gallu chwarae'n dda iawn.
8. Roedd hi'n siŵr fod ddim y disgo'n dechrau am wyth.

Clauses Step 3

Put a pronoun instead of a noun in these sentences, e.g.
Rydw i'n credu bod Sharon Rock yn actio'n wael. >
Rydw i'n credu ei bod hi'n actio'n wael.

1. Roeddwn i'n gwybod bod Hugh Benefit yn actio yn y ffilm.
2. Wyt ti'n gwybod bod y ffilm ar y teledu heno?
3. Rydw i'n siŵr bod Gamma Jones yn actio yn y ddrama.
4. Doedden ni ddim yn credu bod y dyn yn edrych yn realistig.
5. Dydw i ddim yn credu bod yr actorion yn gallu actio.
6. Ydych chi'n gwybod bod yr actorion yn gwneud ffilm arall?
7. Rydw i'n credu bod y ffilmiau newydd yn ddiflas.
8. Ydych chi'n gwybod bod y stori'n gorffen yn drist?

Translate these sentences:

1. I'm sure that there are five actors in the play.
2. Have you heard that she's not acting in the film?
3. We hope that she's acting tonight.
4. She knows that she can act well.
5. I knew that the film was exciting.
6. Have you heard that it's in the cinema this week?
7. We believe that they're filming in Snowdonia.
8. They thought that they had seen it before.

Join these sentences with 'bod', e.g.
Rydw i'n gwybod. Mae'r bws yn hwyr.
Rydw i'n gwybod bod y bws yn hwyr.
1. Rydw i'n gwybod. Mae Huw'n dost.
2. Rydw i'n credu. Mae hi'n dost.
3. Mae e'n credu. Mae e wedi cael annwyd.
4. Rydyn ni'n siŵr. Rydyn ni wedi gweld y meddyg.
5. Maen nhw'n gwybod. Mae'r meddyg wedi galw.
6. Mae hi'n credu. Mae hi'n mynd i'r parti heno.
7. Ydych chi'n gwybod? Mae hi'n dod adre yfory.
8. Ydych chi wedi clywed? Mae e wedi bod yn dost.

Clauses Step 4

Translate these sentences:
1. I don't know the man who has won the lottery.
2. Do you know the people who have lost everything?
3. I had read about the woman who's come out of prison.
4. Frank, who is a brother of Jim, is in prison now.
5. They don't know what is right and what is wrong.
6. The secretary, who is now in hospital, is getting better.
7. She knows the girl who was on television.
8. We haven't heard about the students who were in the party.

Correct these sentences:
1. Rydw i'n nabod y dyn pwy sy'n nyrs yn yr ysbyty.
2. Ydych chi'n gwybod am y ferch sydd mae'n gweithio yn y llys.
3. Roedd hi'n gyrru'r car roedd yn y ddamwain.
4. Mae hi wedi clywed am y dynion nad oedd ar streic.
5. Roedden nhw'n sefyll wrth y fenyw pwy oedd newydd ddod o'r siop.
6. Rydw i'n gweithio gyda'r bobl oeddynt wedi bod yn y carchar.
7. Ydych chi wedi clywed am yr athrawes pwy fydd yn ein dysgu ni?
8. Roeddwn i'n helpu'r myfyrwyr fyddant yn mynd i'r coleg y flwyddyn nesaf.

Clauses Step 5

Translate these sentences:

1. I like the story because the characters are realistic.
2. I don't like the film because the story isn't exciting.
3. We were sleeping before the play ended.
4. They left after the first act because the acting was bad.
5. Although it's unbelievable, the novel is good.
6. They haven't read it, although they are studying it.
7. The ending was unexpected, although the background was boring.
8. I didn't like the film because it was colourless.

Correct these sentences:

1. Mae hi'n hoffi'r stori er bod hi ddim yn gyffrous iawn.
2. Roeddwn i'n darllen y nofel oherwydd bod fi wedi gweld y ffilm.
3. Dydw i ddim yn hoff iawn o'r diwedd, er bod mae e'n gyffrous.
4. Roedden ni'n cysgu erbyn ei bod y ffilm yn gorffen.
5. Roeddwn i'n hoffi'r llyfr, er rydw i ddim yn ei hoffi e.
6. Roedd hi'n aros nes mae pawb wedi mynd.
7. Rydw i wedi darllen y stori, oherwydd bod mae'r cymeriadau'n lliwgar.
8. Dydyn ni ddim yn hoffi'r cefndir am ei bod hi'n anghredadwy.

Clauses Step 6

Translate these sentences:

1. It was too late after the lorry had hit us.
2. What were you doing before the car left the road?
3. Why didn't you turn as it was coming towards us?
4. She crossed the road without having seen the car.
5. They took her to the doctor's so that she could have treatment.
6. We went to the hospital in case something was broken.
7. Huw phoned home as he was going to be late.
8. Perhaps you've heard about the accident.

Join these sentences:

1. Roedd hi'n bwrw glaw. (erbyn) Rydyn ni'n cyrraedd.
2. Roedd hi'n hanner awr wedi wyth. (cyn) Mae'r ambiwlans yn cyrraedd.
3. Rydw i'n rhoi rhwymyn am ei goes. (rhag ofn) Mae hi'n gwaedu.
4. Aethon ni â Jane at y meddyg. (er mwyn) Mae'n edrych ar y clwyf.
5. Fe yrrodd y lorri aton ni. (heb) Mae'r gyrrwr yn ein gweld ni.
6. Roedd hi'n dechrau tywyllu. (cyn) Mae'r meddyg yn cyrraedd.
7. (erbyn) Rydyn ni'n gyrru yno. Roedd hi'n rhy hwyr.
8. Roedd hi wedi cael ei hanafu'n gas. (ar ôl) Mae'r car yn ei tharo hi.

Clauses Step 7

Fill the gaps in these sentences:

1. Rydyn ni wedi clywed ____ bydd y gwaith yn agor y flwyddyn nesaf.
2. Mae'r cwmni wedi dweud ____ byddan nhw'n cau'r gwaith.
3. Ydych chi wedi clywed y ____ y ffatri'n cau?
4. Rydyn ni'n ofni y ____ llawer o bobl heb waith.
5. Rydyn ni'n gobeithio y ____ ni'n denu'r ffatri i Gymru.
6. Mae perygl y ____ diweithdra'n cynyddu.
7. Mae e'n siŵr y ____ y cwmni'n buddsoddi arian mawr yn y gwaith.
8. Mae'r llywodraeth yn gobeithio ____ daw'r gwaith i Gymru.

Link these sentences with 'na':

1. Rydw i'n credu.   Daw'r ffatri i Lanidloes.
2. Rydyn ni'n gobeithio.   Bydd diweithdra'n codi.
3. Roedden ni'n credu.   Byddai llawer o bobl yn ddi-waith.
4. Ydych chi wedi clywed?   Caiff Amlwch y gwaith.
5. Rydyn ni'n ofni.   Byddwn ni'n cael gwaith.
6. Roedden ni wedi ofni.   Bydden ni'n dod yn ôl i Gymru.

Translate these sentences:

1. We've heard that the company won't come to Wales.
2. He promised that he would do everything to attract the factory.
3. Are you sure that you will get the grants?
4. I knew that they wouldn't put up the price of petrol.
5. The company hoped that taxes would not go up again.
6. They were hoping that they would not have to move from the area.
7. There is always a danger that unemployment will rise.
8. She hoped that the town would not suffer.

Clauses Step 8

Complete these sentences, using 'i + enw + berfenw':

1. Rydw i'n credu [Plaid Binc, ennill].
2. Ydych chi wedi clywed [fe, colli] 'r etholiad?
3. Maen nhw'n dweud [hi, ennill] yn hawdd.
4. Roeddwn i'n siŵr [Plaid Wen, colli].
5. Rydyn ni wedi clywed [nhw, ennill] yr etholiad.
6. Rydw i'n gobeithio [chi, llwyddo] yn yr etholiad.
7. Mae'r papur yn dweud [fe, dod yn ail].
8. Rydyn ni'n credu [Prif Weinidog, colli] ei sedd.

Change these sentences to direct speech, e.g.
Mae e'n dweud, "rydyn ni wedi ennill." >
Mae e'n dweud iddyn nhw ennill.

1. Roedd e wedi dweud, "Mae'r Blaid Wen wedi ennill deg sedd."
2. Dywedodd y Prif Weinidog, "Rydyn ni wedi ennill yr etholiad yn hawdd."
3. Roedd hi'n datgan, "Dydyn ni ddim wedi colli un sedd."
4. Roedd hi'n honni, "Mae'r pleidiau eraill wedi colli mwy na ni."
5. Roedd arweinydd y Blaid Wen yn dweud, "Dydw i ddim wedi colli fy sedd."
6. Dywedodd Mr Alun Morris, "Rydw i wedi cadw fy sedd yn hawdd."

7. Dywedodd yr arweinydd, "Dydyn ni ddim wedi newid ein polisïau o gwbl."
8. Meddai'r Prif Ysgrifennydd, "Dydy'r problemau ddim wedi dod i ben."

Clauses Step 9

Complete these sentences:
1. Ydych chi'n siŵr …… Huw welsoch chi?
2. Rydw i'n credu mai Huw [gweld] i neithiwr.
3. Oeddech chi'n credu mai Siân ….. yn sefyll wrth y tŷ?
4. Rydw i'n gwybod …. hi oedd yno.
5. Ydych chi'n dweud …… gorila oedd yn gyrru'r car?
6. Wel, rydw i'n credu ….. hi welais i.

Change the sub-clause into the negative:
1. Rydw i'n credu mai Huw welais i.
2. Mae hi'n siŵr mai Siân oedd yno.
3. Ydych chi'n gwybod taw John fuodd yno?
4. Rydw i bron yn siŵr mai Jeremy ddaeth adre gyntaf.
5. Ydych chi'n credu mai hi oedd y ferch?
6. Rydw i'n gwybod mai hi yw'r un.

Translate these sentences:
1. Have you heard if it was Siân who was in court?
2. We didn't know whether she was guilty or not.
3. I'm sure that it was a girl who was standing by the house.
4. How can you be certain that it was a car that you saw?
5. I don't believe that Sean was the leader.
6. I'm sure that he isn't the man I saw yesterday.
7. We don't know how they came to court.
8. Can you remember whether you had something to drink?
9. I can't remember whether it was raining or not.
10. Do you know how many years he got?

Clauses Step 10

Translate these sentences:

1. He's working for the company which won the contract.
2. Have you seen the girl who asked for a map?
3. In this street there is a small house which was built by a farmer.
4. Do you know the author who wrote the book?
5. I remember the party which didn't finish until midnight.
6. I stayed at the hotel which wasn't finished.
7. Did you visit the church that they built last year?
8. They worked at the factory which was closed this week.

Join these sentences with 'a' or 'na':

1. Dyma'r tŷ. Cafodd e ei adeiladu gan y bobl eu hunain.
2. Ydych chi wedi gweld y castell? Cafodd e ei ddistrywio gan Owain Glyndŵr.
3. Rydw i'n hoffi'r theatr. Cafodd hi ei chodi yn y ganrif ddiwethaf.
4. Rydyn ni'n byw yn y stryd. Chafodd hi mo'i hadnewyddu gan y cyngor.
5. Ydych chi'n hoffi'r papur wal? Phrynon ni mohono fe.
6. Mae hi wedi ymweld â'r ddinas. Cafodd hi ei chwalu yn y rhyfel.
7. Welsoch chi'r pentref? Enillodd e mo'r wobr am harddwch.
8. Roedd Janet yn hoffi'r bachgen. Fuodd e ddim yn y coleg.

Clauses Step 11

Translate these sentences:

1. A woman is the boss. – Yes.
2. It's here that they live. – Yes
3. They live here. – Yes.
4. It's tonight that we're arriving. – No.
5. We're arriving tonight. – No.
6. This café's very cold. – Yes it is.
7. She won't be coming back. – No, she won't.
8. She was complaining? – Yes.

Translate these sentences:
1. This food has been reheated. No it hasn't.
2. This swimming pool isn't very big. Yes, it is.
3. Tonight we want to have food. No – tomorrow.
4. Here's the bill – are you paying by card? Yes, thanks.
5. It's a fly that's in my soup. No, it's only a snail.
6. They burnt my meat. Did they?
7. They didn't put any sauce on the table. Didn't they?
8. There's a good choice on the menu tonight. What a surprise!

Clauses Step 12

Translate these sentences:
1. Have you seen the house which we will rent?
2. Where is the book which I was reading?
3. I can't find the dictionary which you had bought.
4. Pork is the only meat which I don't like.
5. This is the library which he hasn't seen yet.
6. She finished the essay which she hadn't finished yesterday.
7. This is the department which he hates.
8. We like the friends whom she had seen.

Join these sentences:
1. Fe ydy'r darlithydd. Roeddwn i'n ei gasáu.
2. Ydych chi wedi gweld y llyfr? Roeddwn i wedi ei fenthyg.
3. Mae hi'n mynd i'r fflat. Bydd hi'n ei rentu y flwyddyn nesaf.
4. Maen nhw wedi gorffen y traethawd. Dydw i ddim wedi ei wneud.
5. Fuoch chi yn y coleg? Bues i'n astudio ynddo.
6. Mae hi'n hoffi'r bar. Mae'r myfyrwyr i gyd yn mynd iddo.
7. Dyma f'ystafell wely. Rydw i wedi ei glanhau.
8. Hwn yw'r llyfr. Byddwn ni'n ei ddarllen eleni.

Clauses Step 13

Translate these sentences:
1. Have you met the man whose wife works in Llandudno?

2. We know the girl to whom he's writing.
3. Where did you see the children whose parents were on the beach?
4. These are the people we talked about.
5. He is the man to whom you weren't nasty.
6. Do you remember the woman whose husband ran away?
7. Here is my friend to whom you sent a present.
8. Who is the relative whose birthday we forgot?

Correct these sentences:
1. Fe yw'r dyn y gwelon ni yn y dref.
2. Ydych chi'n nabod y fenyw yr oedd yn gyrru'r car?
3. Pwy yw'r plant a anfonon ni anrheg atyn nhw?
4. Dyma fy ffrind y daeth adref gyda fi.
5. Rydyn ni'n mynd i ymweld â menyw yr oedd gŵr hi'n dost.
6. Edrychwch ar y traeth yr oedd yn llawn o bobl yn y prynhawn.
7. Rydw i wedi darllen y llyfr a siaradoch chi am.
8. Welsoch chi'r plentyn yr oedd hi gas wrthi?

Clauses Step 14
Translate these sentences:
1. By the time he arrives, there will a riot.
2. We should go while there is room in the bus.
3. She will be disappointed if I don't stay in tonight.
4. They left before things began to go wrong.
5. Can you hold this poster until the protest finishes?
6. Siân will be ready to take part wherever there is a protest.
7. He's staying here until it gets dark.
8. They went home when the train arrived.

Translate these sentences:
Vocabulary:

twristiaid	*tourists*
diogelu	*safeguard*
y wlad, cefn gwlad	*the countryside*
hysbysebu	*advertising*

ymgyrch	*campaign*
Bwrdd Croeso Cymru	*Wales Tourist Board*
ymosodwyr	*invaders*
tramor	*foreign*

1. Wales is a pleasant, hilly country and attracts tourists from all parts of the world.
2. The climate in Wales tends to be wet but the countryside benefits from the rain.
3. As the Welsh-speaking parts of Wales are in the most beautiful areas of the country, steps must be taken to safeguard the language in these areas.
4. In spite of the money which is spent on advertising, the number of tourists coming to Wales is not increasing.
5. The chairman of the Wales Tourist Board said that he would emphasise the Welshness of Wales in the next advertising campaign.
6. Whenever you think of having a holiday abroad, think of the many beautiful places in Wales which you have not seen.
7. Although castles in Wales were mainly built by foreign invaders, they are now part of the Welsh scenery.
8. If hotels in Wales were able to provide a cheaper service, far more people would visit the country.
9. Because there are not many railways in Wales, roads are choked in summer.
10. Unfortunately the country attracts caravans whose owners have bought their food and their petrol in England.
11. Welsh crafts are mainly produced by foreigners who have fallen in love with the idea of an old-fashioned way of life.
12. When they visit an area in their hundreds, tourists spoil the beauty of the places they visit.

Correct these sentences:
1. Fe fyddan nhw'n mynd adre pe bai hi'n bwrw glaw.
2. Eisteddon nhw ar y stryd pan dechreuodd yr heddlu gyrraedd.
3. Mae hi'n bwriadu mynd os fydd ei chariad yno.

4. Pan yr aeth e i'r dre, roedd y brotest wedi dod i ben.
5. Dylech chi fynd i'r coleg tra chewch chi gyfle.
6. Rydw i eisiau dysgu gyrru cyn fydd hi'n rhy hwyr.
7. Fe gawn ni barti os mae bwyd ar ôl.
8. Pe af i heno, fyddwn i ddim yn gallu mynd yfory.

Clauses Step 15

Change the sentences by emphasising the subject:
1. Cymerais i'r arian.
2. Cest ti'r cyfan.
3. Gwastraffodd hi'r bwyd.
4. Daeth y plant adre.
5. Gyrrodd y dynion yn gyflym
6. Mae e yma.
7. Roedd lladron wedi dwyn yr offer.
8. Aeth y merched i swyddfa'r heddlu.

Emphasise the subject in these sentences and make the sentences negative:
1. Rydw i'n cyhuddo'r plant.
2. Mae'r bechgyn wedi ennill.
3. Buodd y merched yn ffodus.
4. Aeth y myfyrwyr i sgio.
5. Dau fachgen oedd wedi dwyn yr arian.
6. Roedd yr arian ar y bwrdd.
7. Rhedodd y disgyblion o'r siop.
8. Mae'r heddlu wedi dal y lladron.

Clauses Step 16

Emphasise the time element in these sentences:
1. Collon nhw'r gêm ddoe.
2. Roedden nhw ar ben y tabl ym mis Ionawr.
3. Enillon nhw'r cwpan y llynedd.
4. Byddan nhw'n cystadlu'r flwyddyn nesaf.
5. Roedd y gystadleuaeth y bore 'ma.
6. Sgoriodd e yn y funud gyntaf.

7. Mae'r gêm ar y teledu heno.
8. Aethon ni i weld y gêm ym mis Rhagfyr.

Enphasise the object in these sentences:
1. Sgoriodd Abertawe ddau gais.
2. Gwelais i ddwy gêm y llynedd.
3. Chwaraeon nhw un gêm yn ein herbyn ni.
4. Prynodd hi ddau docyn i weld y gêm.
5. Gwelodd e Caernarfon yn chwarae yn y gwyliau.
6. Rhedodd hi filltir yn gyflym iawn, ond arafu wedyn.
7. Roeddwn i'n cefnogi'r tîm lleol.
8. Bydda i'n talu'r bachgen nos yfory.

Clauses Step 17

Translate these sentences:
1. I would be ready now if you had prepared a meal.
2. You would have married, if you had had a baby.
3. If I said 'no', would you wait for me?
4. She would have been wiser if she had lived with him.
5. If we were to marry, where would we buy a house?
6. If we got married, they would celebrate.
7. If he loved her, she wouldn't say no.
8. If he weren't rich, I would not marry him.

Translate these sentences:
1. I would buy a new dictionary if I were to lose this one.
2. Were it not for the lecturer, she would have failed the exams.
3. Would you work in a bar, if you were offered the job?
4. Yesterday the game was on television, not today.
5. Five pounds they lost, not fifty.
6. It was Aled who was carried down the mountain.
7. It was the film that I liked, not the novel.
8. If it were sunny, we'd go to the beach.

A N S W E R S... turn to the back of the book!

If you haven't got it already
– get it now!

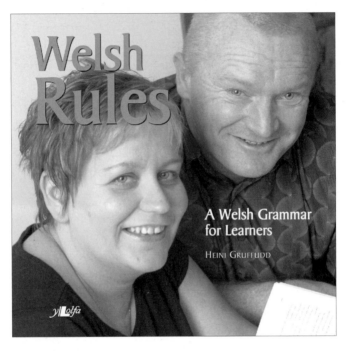

Welsh Rules – the great, new, big format Welsh grammar that is comprehensive, accessible, and easy to use!

0 86243 656 7
£14.95

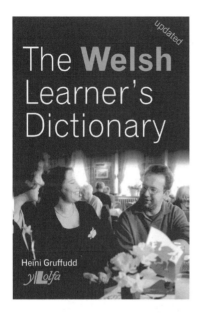

THE WELSH LEARNER'S DICTIONARY
Heini Gruffudd

At last, a really useful and helpful dictionary specially designed for Welsh learners, with 2,000 words and phrases.
0 86143 363 0
£6.95

WELCOME TO WELSH
Heini Gruffudd

A complete 15-part course introducing the language via photo-strip cartoons.
0 86143 069 0
£5.95

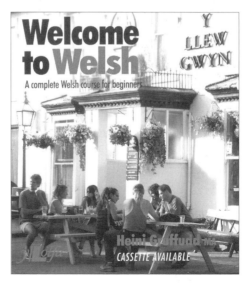

ANSWERS

Some variations are noted, by putting the variation after '/', e.g. tad-cu / taid. All the variations are not noted. Here are other common variations:

- Putting 'fe' in front of the verb, e.g. dylai hi fynd > fe ddylai hi fynd.
- Varying the time of the verb, e.g. roeddwn i'n mynd yno bob dydd / byddwn i'n mynd yno bob dydd.
- Using 'A' in front of a question, e.g. Fydd hi'n mynd? > A fydd hi'n mynd?
- Using 'Ai' in front of a question, e.g. Huw sy'n siarad? > Ai Huw sy'n siarad?
- Varying the form of the verb, e.g. rydw i'n gwybod > dw i'n gwybod > rwy'n gwybod; Siân ydy hi > Siân yw hi.
- Varying the use of the auxiliary pronoun, e.g. fy mrawd i > fy mrawd; gwelais i hi > gwelais hi.
- Varying the use of 'yw' or 'ydy', e.g. Athrawes yw hi > Athrawes ydy hi.
- Using 'ti' instead of 'chi' to translate '*you*'.
- Using 'taw' instead of 'mai', e.g. Dywedodd hi mai Siân oedd yno > Dywedodd hi taw Siân oedd yno.
- Using 'fod' instead of 'bod', e.g. Rydw i'n gwybod bod… > Rydw i'n gwybod fod …

Verbs Step 1
Fill the gaps:
1. Ydy'r ffilm yn y sinema heno?
2. Ydy hi'n hoffi ffilmiau antur?
3. Oes llawer o bobl yn y sinema heno?
4. Ydy'r newyddion ar y teledu heno?
5. Ydy'r actores yn hoffi dillad?
6. Oes digon o bopcorn yn y bag?
7. Oes rhaid i ni fynd i'r sinema?
8. Ydy dy chwaer yn mwynhau ffilmiau?

Correct these sentences:
1. Maen nhw'n dangos dwy ffilm heno.
2. Ydyn ni'n mynd i'r sinema yfory?
3. Dydy e ddim yn actio yn y ffilm.
4. Oes llawer o bobl yn y theatr?
5. Dydyn nhw ddim yn actio'n dda.
6. Dydyn nhw ddim ar y teledu.
7. Maen nhw'n aros gartre.
8. Dydyn ni ddim yn hoffi opera.

Verbs Step 2
Turn these sentences into the negative:
1. Dydy'r dillad ddim ar y llawr.
2. Does dim sebon yn y sinc.
3. Dydyn ni ddim yn ymweld â nhw yfory.
4. Dydyn nhw ddim yn ymadael â'r wlad.
5. Dydych chi ddim o dan ei ddylanwad e.
6. Dydy Fred Louis ddim yn ymladd ag Ali Lennox heno.
7. Dydy e ddim yn gweithio yn y tŷ trwy'r bore.
8. Dydy hi ddim yn gofalu am y plant.

Correct these sentences:
1. Mae'r tywelion wrth y bath.
2. Ydych chi'n siarad â'r plant?
3. Rydyn ni'n aros amdanoch chi.
4. Mae e wedi dysgu Cymraeg i fi.
5. Maen nhw'n ein helpu ni i chwilio.
6. Dydy e ddim wedi ymweld â ni.
7. Rydych chi ar y teledu!
8. Dydyn nhw ddim yn gwylio'r teledu.

Verbs Step 3
Mutate the words in the gaps, if necessary:
1. Mae'r teipydd yn [gyflym].
2. Mae'r fenyw yn [ddarlithydd].
3. Mae'r botel yn [llawn].
4. Dydy hi ddim yn [rhad].
5. Dydy'r llyfr ddim yn [fawr iawn].
6. Mae e'n [arddwr].
7. Rydych chi'n [gynnar].
8. Ydw i'n [gyrru]?

Correct these sentences:
1. Athro ydy'r dyn.
2. Cogydd ydy Siân.
3. Merched ydyn nhw.
4. Ydy e'n goch?
5. Mae e'n llawn.
6. Peilot ydych chi?
7. Coleg da ydy coleg Abertridwr.
8. 'Pont' ydy pont yn Ffrangeg.

Verbs Step 4

Put 'mae', 'sy', 'ydy' 'fydd' or 'oedd' in these gaps:
1. Faint ydy cost y bwyd?
2. Pwy mae hi'n ei weld heno?
3. Beth sy ar y teledu heno?
4. Pwy fydd yn chwarae i Gymru'r wythnos nesa?
5. Faint oedd yn edrych ar y gêm ddoe?
6. Beth oedd y sgôr ar ddiwedd y gêm?
7. Faint mae'r bwyd yn ei gostio?
8. Beth mae hi'n ei wylio heno?

Correct the verb in these sentences:
1. Beth mae e'n ei wneud heno?
2. Faint mae'r bwyd yn ei gostio?
3. Pwy sy'n chwarae i Gymru?
4. Faint ydy cost y bwyd?
5. Pwy mae hi'n ei weld yfory?
6. Beth ydy e?
7. Beth mae hi'n ei lanhau?
8. Faint ydy e?

Verbs Step 5

Put the past form of the verb in these sentences:
1. Ble (cawsoch) chi ginio heddiw?
2. (Aethon) ni i weld y gêm yng Nghaerdydd.
3. (Daethon) nhw adre'n gynnar.
4. Pryd (daethoch) chi adre neithiwr?
5. (Gawson) nhw'r wobr gyntaf yn yr eisteddfod?
6. (Wnaethoch) chi rywbeth yn y dre?
7. Pryd (aethoch) chi ar eich gwyliau y llynedd?
8. (Des) i yma ddoe.

Turn these sentences into the negative:
1. Ches i ddim gwobr am ganu.
2. Chafodd hi mo'r wobr gyntaf.
3. Ddaethon ni ddim adre'n gynnar.
4. Aethoch chi ddim i weld y gêm.
5. Wnaethon nhw mohono fe yn y bore. /mono fe
6. Ddes i ddim i'r coleg ddoe.
7. Aeth hi ddim i'r ysbyty.
8. Chafodd e mohoni hi am ganu yn yr eisteddfod. /moni hi

Turn these sentences into the negative:
1. Dydw i ddim yn gweld ffilm ar y teledu bob nos.
2. Dydych chi ddim yn hoffi ffilmiau antur.
3. Dydy Siân, fy chwaer, ddim yn hoffi ffilmiau serch.
4. Dydyn ni ddim yn mynd i'r sinema bob wythnos i weld ffilm.
5. Does dim drama yn y theatr yr wythnos nesa.
6. Nid Huw sy'n gyrru heno.
7. Dydw i ddim yn nabod y ferch oedd yn tîm.
8. Chafodd e ddim gwobr yn yr eisteddfod.
9. Wnes i mohono fe'n iawn. / mono fe'n
10. Ydych chi nabod y merched sy ddim yn dysgu nofio?

Fill the gaps in these sentences:
1. Ches i mo'r wobr gyntaf ddoe.
2. Chawson nhw mo'r llyfr yn y dre.
3. Wnaethoch chi'r mo'r llestri trwy'r gwyliau.
4. Wnaeth e mohonyn nhw.
5. Ches i mo'r wobr, gwaetha'r modd.
6. Wnaethon nhw mohono fe'n dda iawn. /mo fe
7. Chawson ni mohonyn nhw gyda'r post. / mo nhw
8. Chawsoch chi mohoni hi yn y siop. / mo hi

Verbs Step 6
Put command forms of the verb in these sentences:
1. Dysgwch eich gwaith yn dda!
2. Brwsiwch eich dannedd ar ôl brecwast!
3. Glanhewch eich esgidiau cyn mynd allan!
4. Gwna dy waith yn y bore!
5. Aros i fi, wnei di! / Arhosa
6. Cymer dy fwyd gyda thi!
7. Paid â mynd heb dy frawd.
8. Peidiwch ag aros am eich ffrindiau.

Correct these sentences:
1. Peidiwch â mynd heb eich bag.
2. Cymerwch eich cot!
3. Glanhewch y llawr!
4. Mwynhewch y gwyliau!
5. Dysgwch eich gwaith!
6. Prynwch y llyfrau!
7. Darllenwch y papur!
8. Gwyliwch y teledu heno!

Verbs Step 7
Change into the negative:
1. Fues i ddim yn nofio yn y môr.
2. Fuon nhw ddim yn dringo Tryfan yn y bore.
3. Fuodd e ddim yn gyrru car o gwmpas y wlad.
4. Fuodd hi ddim yn gwersylla yn ne Ffrainc.
5. Fuon ni ddim yn hwylio ar y llyn.
6. Fuon ni ddim yn ymweld ag amgueddfa Coca Cola yn Fflorida.
7. Fuon nhw ddim gyda'u mam trwy'r gwyliau.
8. Fuon ni ddim yn darllen yn y llyfrgell yn ystod y gwyliau.

Translate:
1. Es i i'r Eidal y llynedd.
2. Aethon ni i siopa yn Abertawe ddoe.
3. Roedd damwain gas ar yr heol.
4. Aethon nhw i wersylla yn yr haf.
5. Ydych chi erioed wedi bod yn hwylio?
6. Na, ond rydw i wedi bod yn dringo yn Eryri. / Nac ydw
7. Aethon nhw dros y môr yn y gwyliau? / dramor
8. Na, aethon nhw ddim allan o'r tŷ. / Naddo

Verbs Step 8
Put the correct ending of verbs in these sentences:
1. Codais i'n gynnar bore 'ma.
2. Gweithion nhw'n galed trwy'r dydd.
3. Welsoch chi'r gêm ar y teledu neithiwr? /Weloch
4. Chwaraeodd Cymru'n wael iawn, gwaetha'r modd.
5. Phrynais i ddim byd yn y dre.
6. Yfon ni mo'r llaeth – roedd e'n sur.
7. Gofiaist ti anfon llythyr at y plant?
8. Daliodd hi i ganu trwy'r nos.

Change these sentences into the past:
1. Ysgrifennais i lythyr ati hi.
2. Ddarllenodd hi mo'r llyfr.
3. Dalion nhw i boeni amdana i.
4. Chwaraeoch chi i'r tîm cyntaf?
5. Ddysgodd hi mo'r gwaith.
6. Phrynodd e ddim llyfr.
7. Gyrhaeddon nhw'n gynnar?
8. Yfon ni bopeth.

Verbs Step 9
Use past forms of 'gwneud' in these sentences:
1. Gwnes i godi'n gynnar.
2. Wnaethon nhw ddim mynd i'r ddarlith.
3. Wnaethoch chi mo'r traethawd.
4. Wnaeth hi ddim sefyll yr arholiad.
5. Wnest ti mo'r arholiad yn dda iawn.
6. Wnaethoch chi'r gwaith i gyd?
7. Wnaeth e ddim adolygu o gwbl.
8. Gwnes i gerdded i ffwrdd.

Put pronouns instead of definite nouns:
1. Fe wnes i ei ddarllen hi.
2. Fe wnaeth e ei basio fe.
3. Wnaethon ni mo'i ddysgu fe.
4. Wnaeth hi mo'i ddal e.
5. Wnaethoch chi ei hoffi hi?
6. Wnaethoch chi eu hadolygu nhw?
7. Wnest ti mohono fe. / mo fe
8. Fe wnaethon nhw eu mynychu nhw..

Translate these sentences:
1. Wnes i mohono fe. / mono fe
2. Wnaethon ni ddim gweithio'n galed y llynedd.
3. Wnaeth e ddim mynd i'r ddarlith.
4. Wnaethon nhw ddim aros tan y diwedd.
5. Wnaethon nhw adael ar ôl awr?
6. Wnaeth hi ddim hoffi'r ddarlith.
7. Wnaeth e ddim ei fwyta fe.
8. Wnaethoch chi gerdded adre?

Verbs Step 10
Correct these sentences:
1. Maen nhw newydd gyrraedd.
2. Rydyn ni heb orffen y gwaith. / Dydyn ni ddim wedi gorffen y gwaith.
3. Mae e ar fin ennill.
4. Dydy hi ddim wedi galw heddiw.
5. Ydych chi wedi ei ddarllen e?
6. Gwnes i ei phasio hi.
7. Cherddon ni ddim adre.
8. Beth mae e'n ei wneud yn y siop?

Change these sentences into the negative:
1. Dydyn nhw ddim newydd fynd.
2. Dydy hi ddim ar fin cyrraedd.
3. Dydw i ddim wedi clywed y stori.
4. Dydy'r ferch ddim wedi ennill.
5. Dydy'r dyn ddim wedi colli.
6. Does neb wedi yfed y llaeth.
7. Dydyn ni ddim wedi chwarae'n dda.
8. Dydych chi ddim wedi ennill yn hawdd.

Verbs Step 11
Make sentences, using 'gyda' / 'gan' or 'cael':
1. Fe gawn ni barti heno. / Cawn ni
2. Mae gennyn ni fynyddoedd yng Nghymru.
3. Mae gen i esgidiau da i gerdded.
4. Fe gân nhw lawer o hwyl yn y wlad. / Cân nhw
5. Caiff Cymru ormod o law yn yr haf. / Fe gaiff
6. Mae gan Gymru ormod o goed coniffer.
7. Mae gan y byd ormod o orsafoedd niwclear.
8. Caiff problemau'r byd sylw o'r diwedd. / Fe gaiff

Correct these sentences:
1. Cafodd y môr ei lygru gan olew.
2. Mae'r coed wedi cael eu difetha gan y gwynt.
3. Mae gan Gymru fynyddoedd uchel yn y gogledd.
4. Cafodd y wlad ei distrywio gan y traffig.
5. Mae'r afonydd wedi cael eu gwenwyno gan y cemegau.
6. Mae gen i ddau frawd a dwy chwaer.
7. Cafodd y merched eu dal yn smygu.
8. Maen nhw'n cael amser da yn y parti.

Translate these sentences:
1. Caiff Cymru ormod o law yn yr haf.
2. Rydw i'n cael amser gwych. / da iawn / ardderchog
3. Mae'r gwaith wedi cael ei wneud.
4. Ga i ragor o laeth, os gwelwch yn dda?
5. Gawn ni weld y ffilm?
6. Mae gan y byd lawer o broblemau amgylcheddol.
7. Faint o afonydd oedd wedi eu llygru? / wedi cael eu llygru / sawl afon
8. Cawson nhw eu geni yn y Rhondda.

Verbs Step 12

Turn these sentences to formal Welsh:
1. Rydw i'n mynd i'r ddawns heno.
2. Rydyn ni'n hoffi mynd i'r dre.
3. Ydych chi wedi gweld y gêm?
4. Oedd ofn y traffig arnoch chi?
5. Welsoch chi'r castell? / Weloch chi…
6. Dydw i ddim yn ei gredu e.
7. Peidiwch â dweud!
8. Doedden nhw ddim yno.

Give north /south Wales forms for these words:
1. llaeth
2. tad-cu
3. anfon
4. nawr
5. bachgen
6. allan
7. i fyny
8. arian
9. moyn / mo'yn / mofyn
10. poeni

Verbs Step 13

Change these sentences into the negative:
1. Nid yw e'n hoffi darllen llyfrau antur.
2. Nid yw hi'n casáu barddoniaeth.
3. Nid ydym yn darllen gwaith Dafydd ap Gwilym yn y gwely bob nos.
4. Nid ydynt yn adolygu nofelau Cymraeg ar y teledu.
5. Nid wyf yn hoffi ysgrifennu storïau byrion.
6. Nid ydynt yn gwerthu cylchgronau Cymraeg yn y siop bapurau.
7. Nid wyt yn darllen gormod o lyfrau ditectif.
8. Nid ydych chi'n casáu ysgrifennu Cymraeg ffurfiol iawn.

Turn to formal Welsh:
1. Rydyn ni'n hoffi darllen.
2. Doedden nhw ddim yn cysgu'n drwm.
3. Ydych chi'n hoff o'r llyfr?
4. Ydyn nhw wedi gorffen?
5. Dydych chi ddim yn gwerthfawrogi'r stori.
6. Rydw i ar fin mynd allan.
7. Doedd hi ddim wedi darllen y llyfr.
8. Dydw i ddim wedi clywed amdanyn nhw.

Verbs Step 14

Translate:
1. Roeddwn i wedi cyrraedd cyn iddyn nhw fynd.
2. Doedden ni ddim wedi meddwl am hynny o'r blaen.
3. Roedden nhw newydd basio'r prawf.
4. Pan ddaeth hi i mewn, roedd ei ffrindiau wedi mynd yn barod. / eisoes wedi mynd.
5. Roedd hi wedi anghofio'r llaeth, ond doedd hi ddim wedi mynd i'r siop gornel. / ddim wedi rhoi cynnig ar siop y gornel.
6. Pasiais i Ffrangeg y llynedd, ond roeddwn i eisoes wedi pasio Cymraeg. / yn barod wedi
7. Roedd hi wedi bod yn fyfyrwraig gydwybodol.
8. Doedd dim myfyrwyr yno heddiw.
9. Roedden ni wedi bod yn aros am awr, ond chyrhaeddon nhw ddim.
10. Cawson nhw bryd da o fwyd, ac wedyn aethon nhw i'r sinema. / a mynd wedyn i'r sinema.

Correct these sentences:
1. Roeddwn i wrth y drws.
2. Roedd e wedi bod yn chwarae rygbi.
3. Roedden ni newydd ddarllen y papur. / Roeddwn i
4. Roedd hi newydd orffen bwyta.
5. Roedden nhw wedi dechrau yn y coleg.
6. Oeddech chi gartre trwy'r bore?
7. Doedd dim gwersi yn y coleg yn y gwyliau.
8. Doedd y myfyrwyr ddim wedi gweithio'n galed.

Verbs Step 15

Translate these sentences:
1. Fydd dim trafferth yn y ddawns.
2. Fydd band byw yno?
3. Fe fyddan nhw'n dod adre ar ôl y disgo.
4. Bydd llawer o ddamweiniau'n digwydd ar ôl 11 y nos. / Fe fydd / Mae
5. Fe gewch chi'ch temtio weithiau, ond fyddwch chi ddim yn yfed gormod, fyddwch chi? / oni fyddwch chi
6. Mae pobl ifanc yn wynebu llawer o broblemau pan fyddan nhw'n mynd i'r brifysgol.
7. Bydd rhaid i fi edrych ar y rhaglen. / Fe fydd
8. Fydd e ymlaen yfory eto? / Fydd hi

Fill the gaps with the future form of 'bod':
1. [Fyddwn] ni ddim yn yfed alcohol.
2. Fe [fyddan] nhw wedi colli popeth.
3. Pryd [byddwch] chi'n cyrraedd?
4. [Fydd] hi ddim yn credu'r peth.
5. Fe [fyddwch] chi eisiau gwybod y gwir.
6. [Fydda] i ddim yn galw eto.
7. Fe [fydd] e wedi colli ei gyfle.
8. [Fyddan] nhw'n dod gyda ni?

Verbs Step 16

Translate these sentences:
1. Dylen nhw ddechrau meddwl amdano fe o ddifri.
2. Ddylen ni ddim poeni gormod am hyn.
3. Bu e farw ddau ddiwrnod ar ôl y ddamwain.
4. Fi piau'r botel yna!
5. Doedd y sgert ddim yn gweddu iddi hi o gwbl.

6. Bydden nhw'n byw yng nghwm Llynfi. / Roedden nhw'n arfer byw
7. Ddylech chi ddim gyrru ac yfed.
8. Roedd rhaid i fi fynd yn ôl i'r dref i'r banc.

Correct these sentences:
1. Fe ddylwn i fod wedi cael tocyn.
2. Fe ddylai hi fod wedi mynd at y meddyg.
3. Buodd hi farw ar ôl y tân.
4. Ble buodd hi'n byw cyn dod i Drefeglwys? / Ble roedd hi'n
5. Gorfu i fi basio'r arholiad cyn mynd i'r coleg. / Roedd rhaid i fi basio
6. Fi piau'r tŷ.
7. Ddylet ti ddim fod wedi prynu'r diodydd.
8. Pryd dylwn fynd adre?

Verbs Step 17
Fill the gaps in these sentences:
1. [Af] i yno yfory. / A
2. [Daw] e yn ôl cyn bo hir.
3. Fe [welwch] chi lawer yn y stori.
4. Fe [gewch] e dipyn o bleser o'r llyfr.
5. [Ân] nhw ddim allan heno.
6. [Gawn] ni fenthyg y llyfr?
7. [Wela] i ddim byd yn y stori.
8. [Wnewch] chi fy helpu i?

Change the verbs to short forms of the verb:
1. Wela i ddim pwrpas i'r llyfr.
2. Caiff e lawer o hwyl.
3. Gaiff hi ddod gyda ni?
4. Welan nhw'r ddrama?
5. Chewch chi ddim gyrru.
6. Yfan nhw'r llaeth i gyd.
7. Chreda i mo'r peth.
8. Gei di'n gadw'r llyfr?

Verbs Step 18
Translate these sentences:
1. Cerddwn i'r gwaith bob dydd. /Roeddwn i'n cerdded… / Byddwn i'n cerdded…
2. Teipiai hi trwy'r dydd.
3. Gweithien ni'n galed yn yr ysgol, a phasien ni bob arholiad.
4. Tra gyrren ni yn y wlad, dechreudd hi fwrw glas.
5. Darllenen nhw'r papur bob bore.
6. Cysgwn i yn yr awyr agored pan oeddwn i'n gwersylla.
7. Am ddwy awr bob prynhawn, ysgrifennai e ei ddyddiadur.
8. Golchech chi'r llestri, sychwn i nhw, ac roedden ni'n hapus am ugain mlynedd.
9. Dywedodd hi y byddai hi'n gwneud cais am y swydd. /… y gwnâi hi gais am y swydd.
10. Gwydden ni y bydden nhw'n dod i'r cyfweliad.
11. Clywson nhw y byddwn i'n dechrau ym mis Medi.
12. Pe gwyddwn i hynny, byddwn i wedi ceisio'n galetach. /… byddwn i wedi gwneud mwy o ymdrech

Translate these sentences:
1. Gallwn i fod wedi gwneud y gwaith fy hun.
2. Dylen nhw fod wedi mynd i'r brifysgol.

3. Byddai fe wedi hoffi astudio Ffrangeg.
4. Gallai fe fod wedi pasio, ond allai fe ddim fod wedi pasio'n ddigon dda.
5. Ddylech chi ddim fod wedi prynu'r anrheg.
6. Allai'r wlad ddim fod wedi cael tywydd gwaeth.
7. Hoffwn i fod wedi dysgu'r iaith cyn mynd.
8. Dylai hi fod wedi dysgu teipio cyn cynnig am y swydd. /...cyn gwneud cais am y swydd.

Verbs Step 19
Put the correct impersonal endings in these sentences:
1. Ysgrifennwyd y llyfr gan Islwyn Ffowc Elis.
2. Carcharwyd y dyn am bymtheng mlynedd.
3. Clywid adar yn canu bob bore gyda'r wawr.
4. Dechreuir y gwaith adeiladu yfory.
5. Gweler tudalen 97 am ragor o wybodaeth.
6. Gwelir ceirw a llwynogod ar y caeau hyn yn gyson.
7. Gwelwyd ar unwaith fod y tŷ wedi chwalu.
8. Cynhelir y gyngerdd nos Sadwrn am wyth.

Correct these sentences:
1. Cafodd y milwr ei ladd.
2. Gwelodd ef y gêm ar y teledu.
3. Ysgrifennodd John Hughes yr adroddiad.
4. Darllenwyd y newyddion gan Elin Meri.
5. Cafodd y chwaraewyr eu talu.
6. Cynhelir y gyngerdd nos yfory.
7. Carcharodd y barnwr ef am ddeng mlynedd.
8. Lladdwyd llawer o bobl yn y rhyfel.

Translate these sentences:
1. Daw llai o bobl ar wyliau i Gymru bob blwyddyn.
2. Clywid glaw ar y babell trwy'r nos.
3. Creir cwmni newydd y flwyddyn nesaf.
4. Byddan nhw'n ceisio ennill lle yn y coleg.
5. Ddylen ni ddim fod wedi credu'r stori.
6. Bydd yr economi'n gwella yn ystod y flwyddyn.
7. Faint o'r arian gafodd ei godi gan y cwmni?
8. Gafodd digon o gymorth ei anfon i wledydd Affrica?

Verbs Step 20
Turn these using the pluperfect short form of the verb:
1. Crwydrasai'r bardd trwy'r dydd.
2. Cysgasai'r ferch trwy'r bore.
3. Chwiliasai'r dynion am oriau.
4. Ysgrifenasid y llyfr amser maith yn ôl.
5. Ysgrifenasid y gerdd cyn cyfnod y tywysogion.
6. Blinasai'r ferch yn lân.
7. Enillasai'r bardd y gadair.
8. Diflanasai'r gorberffaith erbyn yr ugeinfed ganrif.

Fill the gaps in these sentences:
1. Beth wnelech chi, pe [baech] chi'n ennill y loteri?
2. Pe [bai] hi'n bwrw glaw, fyddech chi'n mynd?
3. Pe bai hi'n braf, [byddwn] i'n mynd i'r wlad.
4. Pe baech chi'n mynd, [bydden] nhw'n mynd hefyd.

5. Pe [baen] nhw'n gyfoethog, bydden nhw'n prynu'r tŷ.
6. [Byddet] ti ddim yma, oni bai am y bwyd.
7. [Fyddech] chi'n prynu car am bum mil o bunnoedd?
8. Pe bai'r trên yn hwyr, [fyddwn] i ddim yn aros.

Prepositions Step 1

Put a preposition in these sentences, and mutate the word following the preposition:
1. Mae hi wedi astudio Cymraeg ers dwy flynedd.
2. Maen nhw'n cael y llyfr gan ddarlithydd y cwrs.
3. Aeth hi i weld y prifathro.
4. Mae tua thair mil o lyfrau yn y llyfrgell.
5. Rydyn ni ar ganol cwrs Ffrangeg yn y coleg.
6. Mae'r athrawon dan bwysau mawr.

Fill the gaps in these sentences, and mutate the word after the gap:
1. Mae e'n astudio Ffrangeg yng ngholeg Abertawe.
2. Rydyn ni'n astudio Cymraeg ym Mangor.
3. Mae e'n byw ym Mhen-y-bont.
4. Maen nhw'n astudio lefel A yn Ninbych.
5. Mae Siân yn mynd i'r coleg yn Nhrefynwy.
6. Mae e'n aros yng Nglan-llyn am bythefnos.

Put 'â' or 'gyda' in these gaps, and mutate the word after the gap:
1. Mae hi'n mynd gyda chyfaill i'r coleg.
2. Mae e'n astudio economeg gyda llawer o fyfyrwyr eraill.
3. Maen nhw'n siarad â phrifathro'r coleg.
4. Ysgrifennodd e'r traethawd â phensil.
5. Rydyn ni'n ymweld â choleg Aberystwyth yfory.
6. Mae hi'n mynd â thri geiriadur i'r coleg.

Put 'er', 'ers', 'rhwng', 'wedi' or 'cyn' in the gaps below:
1. Rydw i'n dysgu Cymraeg er mis Medi.
2. Mae'r coleg rhwng y môr a'r parc.
3. Rydyn ni'n cael coffi cyn mynd i'r ddarlith.
4. Maen nhw'n nabod y darlithydd ers blynyddoedd.
5. Es i adre wedi'r ddarlith.
6. Mae hi'n cael cwpaned cyn y gwersi.

Put a preposition in these sentences:
1. Mae e'n gweithio trwy'r dydd.
2. Mae hi'n aros gyda'i ffrind.
3. Mae'r myfyrwyr yn gweithio tan wyth y nos.
4. Mae'r darlithwyr yn edrych ymlaen at y gwyliau.
5. Dydy'r llyfrau ddim ar y silff yn y llyfrgell.
6. Ydych chi gwybod am lyfr da ar hanes Ewrop?
7. Mae digon o lyfrau daearyddiaeth yn y siop.
8. Mae'r ddarlithwraig yn ysgrifennu ar y bwrdd du.
9. Rydw i'n astudio yng Ngholeg Caerfelin.
10. Rydyn ni wedi bod yma er wyth y bore.

Translate these sentences:
1. Rydw i'n ysgrifennu at y rheolwr.
2. Mae e'n gas wrth y ferch.
3. Rydw i'n darllen llyfr da ar hanes Cymru.
4. Rydw i ar goll – rydw i'n chwilio am y pwll nofio.

5. Maen nhw'n siarad â phennaeth y coleg.
6. Rydyn ni'n ceisio gwrando.
7. Mae hi'n mynd â llyfr adref i'w ddarllen.
8. Mae e'n byw yma ers wyth mlynedd.

Correct the mutations in these sentences:
1. Rydw i'n ysgrifennu at brifathro'r coleg.
2. Mae e'n byw rhwng Caerdydd ac Abertawe.
3. Dydy hi ddim yn ceisio deall.
4. Rydyn ni'n darllen am fachgen o'r Fenni.
5. Dydyn nhw ddim yn gas wrth bawb.
6. Ydych chi'n byw ym Mhont-y-pridd?
7. Mae hi'n dod o Lanelli.
8. Dydy e ddim yn mynd i wersylla'n aml.

Prepositions Step 2

Complete:
1. Ydych chi wedi clywed amdanyn nhw?
2. Rydw i'n gwybod amdano fe.
3. Maen nhw'n cofio amdanoch chi.
4. Ydyn nhw'n siarad amdanon ni?
5. Pwy sy'n meddwl amdani hi?
6. Does dim sôn amdani hi yn unman.

Translate these sentences:
1. Maen nhw'n cyrraedd am wyth o'r gloch.
2. Mae hi bob amser yn siarad amdanoch chi.
3. Maen nhw'n aros am ddwy awr.
4. Rhowch got amdanoch chi. / Gwisgwch got.
5. Mae hi am law heddiw. / Mae hi'n mynd i fwrw glaw heddiw.
6. Am hynny, rhowch esgidiau glaw am eich traed.

Translate these sentences:
1. Mae hi'n darllen amdano fe yn y papur.
2. Mae hi'n gwneud hwyl am ben y dysgu.
3. Maen nhw'n anghofio am y drafferth neithiwr.
4. Rydyn ni'n rhoi cot amdanon ni – mae hi am law. /Rydyn ni'n gwisgo cot – mae hi'n mynd i fwrw glaw.
5. Mae e'n dechrau am ddeuddeg o'r gloch, felly bydd rhaid i mi fynd am y tro.
6. Am beth mae hi'n siarad?
7. Mae e bob amser yn poeni am ei wallt.
8. Dydyn nhw ddim yn fand gwael, am wn i.

Correct the prepositions in these sentences:
1. Maen nhw wedi dweud y stori wrtho i.
2. Roedden nhw'n chwerthin am ben y bachgen bach.
3. Ysgrifennodd e'r llythyr at y prifathro.
4. Rydw i wedi clywed am Huw.
5. Roedd e wedi darllen y stori yn y papur amdani hi.
6. Beth mae e wedi ei ddweud amdana i?
7. Mae e wedi dweud wrth Huw am orffen y gwaith.
8. Roedden nhw wedi cyrraedd am ddeg o'r gloch.

Prepositions Step 3
Put 'â' or 'gyda' in the gaps:
1. Gyda phwy fuest ti yn y ddawns?
2. Fuest ti'n siarad â Jac yno?
3. Beth wnest ti gyda'r nos?
4. Oeddet ti wedi trefnu cwrdd â Jac cyn mynd i'r ddawns?
5. Pam doeddet ti ddim gartre tan dri y bore? Fuest ti'n caru gyda fe ar ôl y ddawns?
6. Pryd ffarweliest ti â'th ffrindiau di?
7. Oeddet ti wedi cerdded adre gyda'r merched?
8. Gytunest ti i gwrdd â Jac eto?
9. Wnei di gytuno i beidio â chwrdd â Jac eto?
10. Ydy Jac wedi, ym, cyffwrdd â thi erioed?

Correct these sentences:
1. Roeddwn i'n siarad â fe.
2. Rydyn ni wedi mynd â llyfr i'r llyfrgell.
3. Ydych chi wedi coginio â'r sosban?
4. Roedd y ci'n ymladd â'r gath.
5. Oedden nhw wedi cerdded adre gyda hi?
6. Siaradodd e â ni trwy'r prynhawn.
7. Trawodd e ei fys â morthwyl.
8. Gyda phwy mae e'n caru?

Prepositions Step 4
Translate these sentences:
1. Oes rhaid i fi weld y rheolwr?
2. Rydw i wedi llwyddo i agor cyfrif.
3. Mae hi wedi gadael iddo fe wneud y gwaith.
4. Roedd e'n tueddu i fod yn ddiog.
5. Addawodd e barti iddyn nhw.
6. Roedd hi'n braf eich gweld chi eto.
7. Roedd hi'n anodd iawn i ni dalu'r bil.
8. Gofynnodd i ni edrych ar y tŷ.

Correct these sentences:
1. Mae hi'n dda eich gweld chi.
2. Mae e wedi dysgu bachgen i nofio.
3. Roeddech chi wedi gofyn i Huw ddoe.
4. Mae e wedi chwarae rygbi i Gymru.
5. Ar ôl i'r bechgyn ddod adref, aethon nhw i'r gwely.
6. Roedd e eisiau i fi weld y llythyr.
7. Roedd e wedi diolch i Siân am wneud y cinio.
8. Mae hi'n gyfleus i'r plant fynd allan heno.

Prepositions Step 5
Translate these sentences:
1. Rydw i'n synnu at brydferthwch y wlad.
2. Cofiwch fi ati hi.
3. Mae fy mam i'n tynnu at hanner cant.
4. Doedd y gyngerdd ddim at ddant pawb.
5. Er bod llawer o waith yn yr ardd, aeth e ati ar unwaith.
6. Ar ôl dychwelyd adref, ysgrifennodd e atyn nhw i ddiolch iddyn nhw.
7. Ydy'r gwyliau'n apelio atoch chi?
8. Cyfrannon nhw'n hael at yr apêl.

Fill the gaps in these sentences:
1. Ysgrifennodd hi lythyr [ata] i.
2. Oedd y daith yn apelio [atoch] chi?
3. Anfonais i gerdyn post [ati] hi.
4. Daliwch [ati]!
5. Cofiwch fi [atyn] nhw.
6. Rhedodd hi [ato] fe.
7. Roedd y neges yn cyfeirio [atoch] chi.
8. [At] bwy maen nhw'n mynd?

Prepositions Step 6

Complete:
1. Ydy America wedi ymosod arnyn nhw?
2. Ydy'r bai arnon ni?
3. Arnoch chi mae'r bai.
4. Rydw i'n gweld bai arnyn nhw.
5. Hon yw'r dref y mae'r bomiau wedi disgyn arni hi.
6. Mae arna i ddeg punt iddyn nhw.
7. Roedd arnoch chi bum punt i fi am y bwyd.
8. Mae hi'n wael iawn arnon ni.

Translate these sentences:
1. Roedd angen bwyd yn fawr arnyn nhw.
2. Ar ôl y gwyliau roedd dyled arnon ni.
3. Roedd ofn mawr ar y bobl.
4. Roedden ni'n dibynnu arnyn nhw i orffen y gwaith.
5. Cafodd hi wared ar yr holl dystiolaeth.
6. Pan fethodd e'r arholiad, rhoddodd e'r bai ar yr ysgol.
7. Gwrandawodd y gwleidydd arnon ni, ond ddylanwadodd e ddim arnon ni.
8. Pam rydw i bob amser ar fai?

Correct these sentences:
1. Gwnes i'r gwaith ar fy mhen fy hunan.
2. Roedd e wedi troi'r golau ymlaen.
3. Mae milwyr America wedi ymosod ar Iwgoslafia.
4. Aeth hi ar wyliau ar ei phen ei hun.
5. Rydyn ni'n edrych ymlaen at y gêm ddydd Sadwrn.
6. Chechnya yw'r wlad maen nhw wedi ymosod arni.
7. Mae ein plant yn dod i ginio yma ar brydiau.
8. Maen nhw'n cyrraedd yfory ac yn galw arnon ni ddydd Sadwrn.

Prepositions Step 7

Fill the gaps with the correct form of the word:
1. Roedd hi'n dweud rhywbeth (wrtho) fe wrth (ddrws) y clwb.
2. Roedd ei ffrindiau wedi bod yn gas (wrthi) hi a'i chariad.
3. Roedd hi wedi dweud (wrthyn) nhw ei bod hi'n cenfigennu (wrthyn) nhw.
4. Roedden nhw wedi bod yn gas iawn (wrtho) fe.
5. Mae hi'n bryd iddyn nhw ddweud y gwir (wrthon) ni.
6. Mae hi bob amser yn garedig iawn (wrtho) i. / wrthyf i

Correct these sentences:
1. Roedd e'n gas iawn wrtho i.
2. Roeddwn i wedi dweud yr hanes wrth John.
3. Roedd hi wedi cyfaddef y cyfan wrtho i.
4. Peidiwch â dweud popeth wrth Siân.

5. Ydych chi wedi cael llythyr oddi wrth Huw bore 'ma?
6. Aeth hi i gysgu wrth wylio'r teledu.
7. Roedden nhw wrth eu bodd.
8. Roedd digon o fwyd wrth law, diolch byth.

Translate these sentences:
1. Faint o arian sy gennyn ni wrth gefn? / sy gyda ni
2. Roedd hi'n garedig iawn wrth ei frawd.
3. Gwnaethon nhw'r gwaith wrth eu pwysau.
4. Gwelon ni'r castell wrth yrru o gwmpas Eryri.
5. Dywedon ni'r holl stori wrthon nhw.
6. Diolch i chi am fod mor garedig wrthon ni.
7. Roedd hi wrth ei bodd wrth glywed y newyddion.
8. Ceision nhw fod yn gas wrtho i.

Prepositions Step 8
Translate these sentences:
1. Gwnaeth hi'r gwaith drosto i.
2. Chwaraeodd e dros ei goleg sawl gwaith.
3. Alla i ddim ateb dros neb arall.
4. Gadewais i fy nillad ar y traeth, ond aeth y llanw drostyn nhw.
5. Allwch chi edrych drosto fe i fi?
6. Bydd rhaid i ni edrych ar y twf dros gyfnod sylweddol.
7. Ceisiodd e wneud argraff dda, ond aeth e dros ben llestri.
8. Er nad ydw i'n ei hoffi e, pleidleisiais i drosto fe.

Translate these sentences:
1. Derbyniais i'r newyddion drwyddo fe.
2. Cafodd e'r swydd drwyddoch chi, diolch byth.
3. Dywedodd e wrthi hi drwy ysgrifennu ati hi.
4. Mae e'n cwyno trwy'r amser.
5. Trwy lwc daethon ni drosti'n iawn.
6. Aeth e drwodd i'r gegin.
7. Darllenodd e drwy'r papur mewn dwy funud.
8. Pan fydda i wedi gorffen gydag e, bydd yn flin ganddo.

Translate these sentences:
1. Paid â mynd hebddo i. / Peidiwch â…
2. Cerddodd e i'r dref heb ddweud gair.
3. Dychwelodd hi adref heb weld y brifddinas.
4. Siaradodd e'n blwmp ac yn blaen heb aros am ateb.
5. Fy nhystysgrifau? Rydw i wedi dod hebddyn nhw!
6. Allwn i ddim fod wedi ei wneud e hebddot ti. /hebddoch chi
7. Nhw heb os yw'r tîm gorau yng Nghymru.
8. Maen nhw'n fyfyrwyr nodweddiadol, heb ofal yn y byd.

Translate these sentences:
1. Oes unrhyw beth wedi dod rhyngoch chi?
2. Rhyngoch chi a fi, dydw i ddim yn credu bod llawer o obaith.
3. Rydyn ni wedi casglu digon o arian rhyngon ni i gyd.
4. Aethon ni allan rhwng chwech a saith o'r gloch.
5. Roedd dim llawer o wahaniaeth rhyngddo fe a'i chwaer.
6. Doedd dim digon o arian ganddyn nhw am bryd o fwyd rhyngddyn nhw.
7. Roedd y castell ar fryn rhwng y bont a'r llyn.
8. Ar ôl yr ymweliad dydyn nhw ddim wedi siarad â'i gilydd.

Prepositions Step 9

Translate these sentences:
1. Oes unrhyw beth wedi dod ohono fe?
2. Enillon nhw o bum pwynt.
3. Rydw i'n dioddef o beswch o bryd i'w gilydd.
4. Ar ôl crwydro o le i le, ymsefydlodd e o'r diwedd.
5. Chymeron nhw ddim sylw ohonyn nhw.
6. Ydych chi wedi ei atgoffa fe ohono fe o'r blaen?
7. Roedd gormod o bobl yn gwneud astudiaethau o safbwyntiau pobl. / ...o farnau pobl
8. Roedd e yn ôl pob tebyg o fantais.

Fill the gaps in these sentences:
1. Ar ôl yr holl siarad, ddaeth dim byd [ohono] fe.
2. Roeddwn i eisiau gweld mwy [ohoni] hi.
3. Welais i [mohonoch] chi trwy'r nos.
4. Chymerodd hi ddim sylw [ohonyn] nhw.
5. Doedd dim siw na miw [ohoni] hi.
6. Lwyddon nhw ddim i gael gwybodaeth [ohoni] hi.
7. Fe wnaeth e fôr a mynydd [ohono] fe.
8. Roeddwn i'n dioddef [ohono] fe trwy'r dydd.

Prepositions Step 10

Fill the gaps in these sentences:
1. Dydw i ddim yn credu dim [ynddo] fe.
2. Celwydd yw'r stori – does dim gwir [ynddi] hi.
3. Dyma lun o'r duwiau roedd y Celtiaid yn credu [ynddyn] nhw.
4. Oes digon o le [ynddi] hi i ni gael cinio?
5. Y we? Dydw i ddim yn gweld dim lles [ynddi] hi.
6. Maen nhw'n teithio [ynddo] fe bob dydd.
7. Edrychais i yn y llyfrau ond doedd dim byd [ynddyn] nhw.
8. Mae ffydd gennyn ni [ynot] ti.

Put 'yn' in front of these place names:
1. ym Mangor
2. yng Nghaerdydd
3. yn Nhaliesin
4. ym Mhen-y-bont
5. yng Ngarnswllt
6. ym Manceinion
7. yn Ninbych
9. yng Nghreigiau

Prepositions Step 11

Translate these sentences:
1. Mae'n dda gen i fod yn ôl.
2. Byddai'n well gen i weld senedd iawn yng Nghymru.
3. Mae'n flin gen i na fydd hi yma.
4. Cafodd y polisi ei ysgrifennu ganddyn nhw cyn yr etholiad.
5. Roedd cefn tost ganddi hi, felly cerddai hi'n ofalus.
6. Pa got sydd orau gennych chi? / ...gynnoch chi
7. Roedd yn dda ganddo fe fod cartref ganddyn nhw o'r diwedd.
8. Roedd cydwybod ddrwg gan y Prif Weinidog.

Correct these sentences:

1. Roedd llawer o fwyd gynnon ni. / … gennyn ni
2. Doedd dim syniad gen i.
3. Oes pleidlais gynnoch chi yn yr etholiad? / … gennych chi
4. Gan bwy mae'r hawl i bleidleisio?
5. Daethon nhw gyda fi i'r dref. / … gyda mi
6. Ysgrifennwyd y nofel gan yr awdur.
7. Ydy'r wisg gan Siân?
8. Mae'r gwaith i gyd gen i.

Prepositions Step 12

Translate these sentences:

1. Aeth y ferch adref dan ganu.
2. Cawson nhw beth llwyddiant ar ôl astudio dano fe.
3. Roedden ni o dan gryn bwysau i basio.
4. Dydw i ddim yn aros amdanoch chi am byth.
5. Fydd hi byth yn pasio, hyd yn oed os bydd hi'n gweithio tan y flwyddyn nesaf.
6. Oes unrhyw un yn eich teulu chi wedi gweithio o dan y ddaear?
7. Roedd golygfa wych o danon ni.
8. Mae hi'n llwyr o dan ei bawd hi.

Fill the gaps with appropriate prepositions:

1. Doedd dim coes [o danyn] nhw.
2. Roedd y papurau ar y llawr [o dani] hi.
3. Ydych chi wedi clywed [amdano] fe?
4. Arhosodd e trwy'r dydd [amdani] hi.
5. Rydw i'n astudio yn y coleg [tan] yr haf.
6. Roedd rhaid pasio – doedd dim byd arall [amdani].
7. Oedd rhywun yn gweithio [danoch] chi?
8. Aeth hi allan o'r arholiad [dan] ganu.

Prepositions Step 13

Choose 'mewn', 'i mewn i', 'yn' or 'ym' when filling these gaps:

1. Roedd hi mewn pentref bach yng Nghymru.
2. Edrychodd hi i mewn i'r cwpan.
3. Rwy'n credu mewn ysbrydion.
4. Ydych chi'n credu yn Nuw?
5. Mae'r llyfrau i gyd yn llyfrgell y coleg.
6. Aethoch chi i'r dref mewn bws?
7. Roedd yr allwedd ym mhoced ei got.
8. Mae'r record yn siartiau Cymru ers wyth wythnos.

Translate these sentences:

1. Mae gormod o lyfrau yn llyfrgell genedlaethol Cymru.
2. Mewn rhai achosion, mae hi'n well chwilio'r we.
3. Roedd llawer o gamsyniadau yng ngwaith ei ffrind hi. / … o wallau
4. Pryd gwelsoch chi wennol yn unrhyw ran o'r wlad?
5. Roedd diddordeb mawr ganddyn nhw mewn ieithoedd.
6. Roedd hi mewn hwyliau'r drwg trwy'r dydd.
7. Yn y gaeaf, mae hi'n well bwyta bwyd twym unwaith y dydd.
8. Byddan nhw yng ngharchar am flynyddoedd.

Prepositions Step 14

Translate these sentences:
1. Amddiffynnodd hi ei phlant rhag y ffliw.
2. Cysgodon nhw rhag y glaw.
3. Rydw i'n gwisgo cot rhag ofn y bydd hi'n bwrw glaw.
4. Maen nhw'n amddiffyn y caeau rhag effeithiau'r storm.
5. Rhag beth ydych chi'n cuddio?
6. Rydw i'n aros gartref – rhag ofn.
7. Rydyn ni i gyd am ffoi rhag tlodi.
8. Ffoion ni rhag y saethu.

Put an appropriate preposition in the gaps:
1. Roeddwn i'n cysgodi [rhag] y gwynt.
2. Doedd dim ffoi [rhag] y glaw.
3. Ydych chi wedi dioddef [gan] annwyd?
4. Gofynnon nhw am gymorth [gan] yr heddlu.
5. Cefais i lythyr [oddi wrth] fy chwaer.
6. Rhedodd hi ar frys [o] 'r tŷ.
7. Doedd dim bai [ar] y plant.
8. Oes angen amddiffyn [rhag] y ffliw?

Prepositions Step 15

Translate these sentences:
1. Es i yno er bod y tywydd yn ddrwg.
2. Mae hi yma er 1996.
3. Codon nhw'r gofgolofn er cof am y gwleidydd.
4. Mae e'n ei gadael hi, er gwell neu er gwaeth.
5. Rydyn ni wedi aros yno ers y gwanwyn.
6. Rydyn ni'n gwneud hyn er eich lles chi.
7. Cawson ni amser da er iddi hi fwrw glaw.
8. Prynon nhw'r tŷ er gwaethaf maint yr ardd.

Put an appropriate phrase in the gaps:
er hynny, er lles, er bod, ers talwm, ers amser, er mwyn popeth, er iddi, er cof
1. Rhoddodd yr athro waith ychwanegol er lles y dosbarth.
2. Roedden nhw'n hoffi mynd i'r eisteddfod ers talwm.
3. Er bod y tywydd yn ddrwg, aethon nhw i'r traeth.
4. Maen nhw'n cynnal gwasanaeth er cof am y rhai oedd wedi marw yn y ddamwain.
5. Gadewch lonydd iddi hi, er mwyn popeth.
6. Aeth e at y meddyg, ond doedd e ddim wedi gwella er hynny.
7. Dydw i ddim wedi gweld fy mrawd ers amser.
8. Doedd hi ddim yn hapus er iddi hi ennill y gêm.

Prepositions Step 16

Translate these sentences:
1. Arhoson nhw yn y sinema trwy gydol y ffilm.
2. Aethon ni yno yn ystod yr haf.
3. Maen nhw ar fin gorffen y gwaith.
4. Aeth y Sais i fyny'r bryn a daeth i lawr y mynydd.
5. Bydd y bws yma cyn pen dim.
6. Beth maen nhw'n mynd i wneud, yn wyneb yr anawsterau?
7. Tynnodd e hi gerfydd ei gwallt.
8. Mae mwy o bobl ifanc yn siarad Cymraeg erbyn hyn.

Fill the gaps below with these phrases:
yn anad neb, yn ystod, yn rhinwedd ei swydd, yn wyneb,
yn erbyn, trwy gydol, cyn pen, ar fin
1. Roedd hi'n bwrw glaw trwy gydol yr haf.
2. Maen nhw ar fin symud tŷ.
3. Mae'r senedd yn dod i ben cyn pen y mis.
4. Yn wyneb yr anawsterau, aethon nhw ddim.
5. Fe, yn anad neb, oedd yn gyfrifol am y llwyddiant.
6. Roedd rhaid iddi hi fod yno yn rhinwedd ei swydd.
7. Roedden nhw wedi pleidleisio yn erbyn y cynnig.
8. Doedd dim byd yn digwydd yn y senedd yn ystod y gwyliau.

Prepositions Step 17
Put an appropriate preposition in these gaps and change it to agree with the pronoun if necessary:
1. Roedd y sefyllfa wedi ei datrys erbyn i ni streicio.
2. Roedd y perchennog yn gas tuag atyn nhw.
3. Arhosodd pawb gartref heblaw fi.
4. Aeth pawb ar streic ar wahân i chi.
5. Roedd y ffatri ar gau. Cerddodd y gweithwyr heibio iddi hi.
6. Doedd neb yn gweithio tu mewn iddi hi heddiw.
7. Gall pawb streicio heblaw heddlu.
8. Dydyn ni'n gwybod dim ynglŷn â'r streic.

Correct these sentences:
1. Dydyn ni ddim wedi clywed am y streic.
2. Rhedodd y gweithwyr i mewn i'r gwaith.
3. Protestiodd y dynion nes iddyn nhw ennill.
4. Cerddodd y merched i lawr y mynydd.
5. Dringon ni i fyny'r bryn.
6. Aeth hi i Ffrainc yn ystod y gwyliau.
7. Byddwn ni'n gorffen y gwaith cyn pen blwyddyn.
8. Roedd hiraeth arni pan oedd hi ar fin gadael.

Prepositions Step 18
Correct these sentences:
1. Maen nhw wedi gwneud y gwaith ar fy nghyfer i.
2. Chwarddodd e am fy mhen i.
3. Eisteddodd y ferch yn ein hymyl ni.
4. Cariodd y sach ar ei gefn e.
5. Ydych chi'n mynd i chwarae yn ei lle hi?
6. Roedd y tywydd yn ddrwg, yn eu hôl nhw.
7. Mae rhai gweithwyr da yn eu plith nhw.
8. Mae e ar ein hochr ni bob tro, chwarae teg.

Put the correct form of the preposition in these sentences:
1. Coginiodd e'r bwyd [er ei mwyn hi].
2. Does gen i ddim byd [yn eu herbyn nhw].
3. Gwnaeth e'r gwaith [yn fy lle i].
4. Roedd coedwig fawr [ar ei bwys e].
5. Codon nhw siop [yn eu hymyl nhw].
6. Roedd llawer o dlodi [yn eu mysg nhw].
7. Diolch bod to [uwch fy mhen i].
8. Does dim un chwaraewr da [yn eu plith nhw].

Prepositions Step 19
Correct these sentences:
1. Cerddodd e yn ôl i'w dŷ ef.
2. Roedden nhw wedi rhedeg o'u hamgylch nhw.
3. Cyrhaeddodd e'r coleg o'i blaen hi.
4. Siaradodd hi'n gryf iawn o'm plaid i.
5. Gorffennodd hi'n gynnar o'i herwydd ef.
6. Rhedon ni'n syth i'w canol nhw.
7. Doedd neb o'm blaen i yn y rhes.
8. Mae rhywbeth od o'th gylch di heddiw.

Put these pronouns after or in the middle of the prepositions in these sentences:
1. Fe wnaeth e'r gwaith [er fy mwyn i].
2. Rhedodd hi'n gyflym [ar eu hôl nhw].
3. Roedd ni wrth ei bodd [yn eu canol nhw.]
4. Daeth yr arlywydd i gerdded [yn ein mysg ni].
5. Roedd pawb yn bresennol [heblaw chi].
6. Taflodd hi'r llyfr [tuag ato ef].
7. Roedd yr etholaeth yn gadarn iawn [o'm plaid i].
8. Rhedodd hi [i'w canol nhw].

The Article Step 1
Say in Welsh:
1. *coler cath*
2. *troed ceffyl*
3. *coes buwch*
4. *caws gafr*
5. *cig oen*
6. *bwyd cath*
7. *gwely cath*
8. *cynffon ci*
9. *anifail fferm*

The Article Step 2
Put the correct form of the article in these gaps:
1. Dydw i ddim yn gallu dod o hyd i'r llyfrgell.
2. Mae'r castell wrth y parc, ond ble yn y byd mae'r llyfrgell?
3. Ydy hi wrth yr eglwys? Ydy hi wrth y sinema?
4. "Esgusodwch fi." "Fi?" "Ie, chi. Ble mae'r llyfrgell, os gwelwch yn dda?"
5. "Y llyfrgell? Llyfrgell y coleg?"
6. "Nage, llyfrgell y dre."
7. "Wel, ewch i'r chwith, at yr ysgol. Wedyn trowch i'r heol ar y dde, at yr afon.
8. Wrth yr afon trowch i'r chwith eto, ac mae'r llyfrgell ar yr heol wrth yr ysbyty, ar y dde."

Correct these sentences:
1. Rydw i'n mynd i'r lyfrgell heno.
2. Ydy'r sinema wrth yr afon?
3. Maen nhw'n mynd i weld yr eglwys, y castell a'r farchnad.
4. Trowch i'r chwith, os gwelwch yn dda.
5. Ewch i'r dde ar y sgwâr.
6. Ble mae'r ganolfan siopa?
7. Neidiodd hi dros y wal fawr.
8. Cerddon nhw o'r gwesty at yr afon.

The Article Step 3

Correct these sentences:
1. Mae afon Hafren yn llifo i Fôr Hafren.
2. Mae'r Almaen, yr Eidal a'r Swistir yn yr Undeb Ewropeaidd.
3. Es i i Fangor, y Barri a'r Bala'r haf yma.
4. Beth ydych chi am ei wneud yn ystod gwyliau'r Pasg?
5. Rydw i'n edrych ymlaen at y gwanwyn eleni.
6. Roedden ni'n hedfan dros Fôr India ar y ffordd i Awstralia.
7. Yn yr haf, maen nhw'n treulio eu gwyliau yn Sbaen.
8. Roedd hi bob amser yn siarad yng Nghymraeg Sir Benfro.

Translate these sentences:
1. Aeth e o'r Bala i'r Barri mewn un diwrnod.
2. Ydych chi'n byw yn yr Almaen neu yn yr Eidal?
3. Rydw i'n edrych ymlaen at yr haf.
4. Aethon ni i'r eglwys adeg y Pasg.
5. Rydw i'n hoffi pysgota yn afon Taf.
6. Ble mae'r Aifft? Mae hi i'r dwyrain o Libya.
7. Maen nhw eisiau mynd i ogledd Cymru dros y Nadolig.
8. Ble rydych chi'n mynd yn y gaeaf?

The Article Step 4

Translate these sentences:
1. Mae e'n costio un bunt pum deg ceiniog y kilo.
2. Gyrrodd e chwe milltir yr awr.
3. Mae ugain y cant yn siarad Cymraeg.
4. Gwnaethon nhw ugain ceiniog o elw y dorth.
5. Mae'r papur yn costio un bunt y copi.
6. Maen nhw am gael ugain punt y tocyn.
7. Rydyn ni'n eu gwerthu nhw am ddwy bunt yr un.
8. Faint yr awr mae hi'n ei godi?

Put appropriate phrases in these sentences:
1. Mae hi'n eu gwerthu nhw am bunt [yr un].
2. Roedd hi'n gyrru saith deg milltir [yr awr].
3. Roedd y llyfr yn cael ei werthu am ddeg punt [y copi].
4. Fe wnaeth hi elw o 20c [y] dorth.
5. Mae 80 [y cant] yn siarad Cymraeg yng Nghwm Sianco.
6. Ydych chi'n gwerthu gwin am bum punt [y botel]?
7. Mae llaeth yn costio pum deg ceiniog [y botel].
8. Roedd hi'n galw bob dydd Sul: unwaith [yr wythnos] felly.

The Article Step 5

Translate these sentences:
1. Mae pump y cant o boblogaeth Cymru wedi dioddef o'r ffliw y gaeaf hwn.
2. Mae dau ddeg pump y cant o boblogaeth gogledd Cymru wedi cael y frech goch.
3. Mae deg y cant o blant de Cymru wedi cael brech yr ieir.
4. Mae nifer fawr o hen lowyr yn dioddef o glefyd y galon.
5. Rydyn ni am gael digon o welyau yn yr ysbytai i ddelio â'r pas.
6. Rydw i'n dioddef o dwymyn y gwair yn yr haf.
7. Ces i'r frech goch pan oeddwn i'n ddeg.
8. Oes rhywbeth gyda chi ar gyfer llwnc tost? / ... i drin dolur gwddf?

Correct these sentences:
1. Mae e'n dioddef o'r frech goch.
2. Mae peswch arna i.
3. Oes gyda chi rywbeth ar gyfer pen tost?
4. Ydych chi'n ofni cael annwyd?
5. Pryd dechreuoch chi ddioddef o gefn tost?
6. Oes annwyd arnoch chi?
7. Cafodd hi'r frech Almaenig pan oedd hi'n fach.
8. Bu e farw o glefyd y galon.

The Article Step 6
Translate these sentences:
1. Roedd e yng ngharchar am wyth mlynedd.
2. Beth ydych chi'n ei wneud yn y gwaith?
3. Roedd hi'n mynd i'r capel yn rheolaidd.
4. Aethon ni i gyd i'r gwely'n gynnar.
5. Ar ôl y ddamwain roeddwn i yn yr ysbyty am wythnos.
6. Ydych chi'n mynd i'r coleg heddiw?
7. Maen nhw'n mynd yno gyda'r bws.
8. Roedd ei phais hi yn y golwg.

Correct these sentences:
1. Ewch i'r gwely ar unwaith.
2. Dydw i ddim yn mynd i'r capel yn awr.
3. Aethoch chi i'r dref ddoe?
4. Roedd ei ddillad isaf yn y golwg.
5. Cadwon nhw hi yn yr ysbyty am wythnos.
6. Beth yw 'exercise' yn Gymraeg?
7. Bydden nhw'n mynd i'r eglwys bob wythnos.
8. Daeth e allan o'r carchar ar ôl dwy flynedd.

Adjectives Step 1
Translate these sentences:
1. Y ffilm ydy'r unig raglen dda heno. / …yw'r…
2. Mae'r holl raglenni heno yn Gymraeg.
3. Pwy ydy'r brif actores yn y ffilm? / …yw'r…
4. Maen nhw'n dangos hen ffilmiau unwaith eto.
5. Drama gyffrous? Beth am yr actio truenus?
6. Pa brynhawn maen nhw'n ffilmio?
7. Pwy yw'r prif ddarllenydd newyddion heno? / Pwy yw darllenydd y prif newyddion heno?
8. Mae rhai pobl yn gwylio tair opera sebon y nos.

Change the subject of these sentences into the feminine, mutating the adjective if necessary:
1. Mae'r ferch fach yn hoffi chwarae.
2. Mae'r fenyw dew yn bwyta trwy'r amser.
3. Ble mae'r fam gydwybodol?
4. Hi yw'r brif actores.
5. Mae fy modryb gyfoethog yn dod i ginio.
6. Mae ei hoff gyfnither yn galw heno.
7. Pwy yw'r ysgrifenyddes weithgar?
8. Mae'r merched tlawd yn chwilio am ddillad.

Adjectives Step 2

Translate these sentences:
1. Pwy sy'n chwarae rhan y wraig unig?
2. Maen nhw'n dangos gwahanol raglenni trwy'r nos.
3. Roedd eliffant iawn ar y llwyfan. / eliffant gwirioneddol/byw
4. Enwch eich hoff raglen a'ch cas raglen.
5. Gyda phob parch, roedd hi'n ffilm gwbl ofnadwy.
6. Dim ond brith gof o'r ddrama sy gen i.
7. Ni ydy'r unig bobl yn y gynulleidfa.
8. Mae ganddi lais ardderchog ond acen ofnadwy.

Put an appropriate adjective in the gaps:
1. Roedd y ddrama'n hollol anniddorol. /gwbl
2. Pa un yw eich hoff raglen?
3. S4C yw'r unig sianel sy'n dangos y gêm.
4. Mae gwahanol fathau o operâu sebon ar y teledu.
5. Mae'r ffilm wedi ei seilio ar berson gwirioneddol.
6. Rydw i wedi clywed yr esgus. Ond beth oedd y gwir reswm?
7. Reg yw ein cas actor. Mae e'n anobeithiol.
8. Roedd hi'n gwbl amhosibl ei deall hi'n siarad. /hollol

Adjectives Step 3

Correct these sentences:
1. Roedd y briodferch yn gwisgo gwisg wen, hir.
2. Mae'r Blaid Werdd yn boblogaidd yn yr Almaen.
3. Mae hi'n gwisgo sgert gota.
4. Merch fechan yw Mary.
5. Gwlad lom yw Sudan.
6. Mae ganddi hi het felen ar ei phen.
7. Bydd y Gymraeg yn iaith gref unwaith eto.
8. Arhosodd hi am awr fer.

Translate these sentences:
1. Prynais i fe ar y farchnad ddu. /Prynais i hi…
2. Allwn i ddim godi'r gadair drom.
3. Roedd coeden ger y tŷ. / …wrth y tŷ
4. Roedd ganddi hi sgert fer.
5. Ydych chi wedi darllen *Seren Wen ar Gefndir Gwyn*?
6. Ydy, mae hi'n nofel wych, ond dydw i ddim yn ei deall hi.
7. Ydych chi wedi cael y frech goch?
8. Roedd hi'n gweithio i'r Groes Goch.

Adjectives Step 4

Turn the nouns and adjectives into the plural:
1. Roedd [afalau cochion] ar y bwrdd. /coch
2. Rwy'n hoffi bwyta [tatws pob].
3. Roedd y [ffermwyr cryfion] yn gweithio yn y [cae]. /cryf
4. Mae'r Gymraeg yn un o [ieithoedd bach] y byd.
5. Mae gan y wlad [drefi mawrion]. /mawr
6. Roedd [gerddi hirion] o flaen y tai. /hir
7. Adroddiad ar addysg yng Nghymru yn 1847 yw'r [Llyfrau Gleision].
8. Mae Cymru'n cael ei disgrifio'n wlad y [menig gwynion].

Give the plural form of these adjectives, if they have one.

1. crynion
2. gwynion
3. cochion
4. meddal
5. bach
6. bychain
7. mawrion
8. gleision
9. cryfion
10. melynion
11. tal
12. duon

Adjectives Step 5

Correct these sentences:

1. Roedd y gwasanaeth yn y siop fach mor gyflym ag yn yr archfarchnad.
2. Mae'r bwyd yn y cigydd mor flasus â'r cig yn y farchnad.
3. Mae'r llawr mor lân â'r bwrdd.
4. Mae orenau mor iachus ag afalau.
5. Roedd y lle mor frwnt â thwlc mochyn.
6. Mae'r ffilm mor ddiddorol â'r llyfr.
7. Roedd y moron mor rhad â'r tatws.
8. Mae'r gwasanaeth cynddrwg â'r bwyd.

Make sentences comparing these:

1. Mae'r ffilm mor ddiddorol â'r llyfr.
2. Mae'r cig mor rhad â'r pysgod.
3. Mae'r farchnad mor ddrud â'r siop.
4. Mae'r menyn mor flasus â'r margarîn.
5. Mae'r bws mor llawn â'r trên.
6. Mae'r car mor gyflym â'r bws.
7. Mae'r ferch mor dal â'r bachgen.
8. Mae'r cig mor wydn â lledr.

Adjectives Step 6

Translate these sentences:

1. Mae Cymru'n fwy cyfoethog na llawer o wledydd bach eraill.
2. Mae'r tywydd yn fwy oer yn yr haf nag yn y gaeaf. / … yn oerach na
3. Dydy gwledydd y trydydd byd ddim yn fwy diwydiannol na gwledydd y gorllewin.
4. Dydy tlodi yn y wlad ddim yn waeth na thlodi yn y dref.
5. Mae'r mynyddoedd bob amser yn fwy oer na'r cymoedd.
6. Mae bywyd yn y wlad yn llai cymhleth na bywyd yn y ddinas.
7. Mae Affrica'n gyfandir mwy cyfoethog nag Ewrop.
8. Mae incwm gyrwyr tacsi'n fwy nag incwm ffermwyr.

Make sentences using these elements:

1. Mae Lloegr yn fwy poblog na Chymru.
2. Mae Cymru'n fwy diwydiannol nag Iwerddon.
3. Mae'r Swistir yn fwy mynyddig na'r Iseldiroedd.
4. Mae'r Almaen yn fwy cyfoethog na Groeg.
5. Mae Gwlad Belg yn fwy gwastad na Chymru.
6. Mae Cymru'n llai gwledig nag Iwerddon.

7. Mae'r Swistir yn llai tlawd na Swdan.
8. Mae Sweden yn fwy coediog na Denmarc.

Adjectives Step 7

Translate these sentences:
1. Hi oedd y fwyaf cryf o'r ddwy. / y gryfaf
2. Nhw oedd y rhedwyr mwyaf cyflym yn y ras. / cyflymaf
3. Er mai ni oedd y gorau, chawson ni mo'n dewis.
4. Enilloch chi'r ras? Naddo, fi oedd y trydydd.
5. Pa adeilad yw'r mwyaf uchel yn Efrog Newydd?
6. Y newyddion Cymraeg yw'r mwyaf diddorol.
7. Y llanw yn Abertawe yw'r ail uchaf yn y byd.
8. Dyna'r peth mwyaf trist rydw i wedi ei glywed eleni. / tristaf

Make sentences containing these elements:
e.g. Everest ydy'r mynydd mwyaf uchel yn y byd.
1. Y Swistir yw'r wlad fwyaf cyfoethog yn Ewrop.
2. Yr Wyddfa yw'r mynydd mwyaf uchel yng Nghymru.
3. Caerdydd yw'r ddinas fwyaf poblog yng Nghymru.
4. Gwyddoniaeth yw'r pwnc mwyaf diflas yn yr ysgol.
5. Sioned yw'r ferch fwyaf prydferth yn y dosbarth.
6. John yw'r rhedwr mwyaf cyflym yn y ras.
7. Yr Alban yw'r wlad fwyaf mynyddig ym Mhrydain.
8. Rygbi yw'r gêm fwyaf poblogaidd yng Nghymru.

Adjectives Step 8

Translate these sentences:
1. Mae ynni niwclear yn arbennig o beryglus.
2. Mae gwastraff niwclear yn ofnadwy o wenwynig.
3. Mae plwtoniwm yn eithriadol o beryglus.
4. Mae teledu'n gallu bod yn anhygoel o ddiflas.
5. Mae pŵer gwynt yn hynod o ddiogel.
6. Roedd y ferch yn ddifrifol o sâl.
7. Mae nwy'n gallu bod yn rhyfeddol o ddefnyddiol.
8. Mae cludo olew'n aruthrol o anodd.

Correct these sentences:
1. Mae ynni niwclear yn ofnadwy o beryglus.
2. Rydyn ni'n defnyddio llawer gormod o drydan.
3. Mae ynni naturiol yn hynod bwysig i ddyfodol y byd.
4. Mae dibynnu ar un math o ynni'n ddifrifol o ffôl.
5. Ydych chi'n gwybod bod ynni niwclear yn beryglus iawn?
6. Mae tanau glo'n gallu bod yn beryglus dros ben.
7. Os ydy nwy yn gollwng, mae'n gallu achosi damweiniau eithriadol o gas.
8. Mae ynni gwynt yn fwy diogel nag ynni niwclear.

Adjectives Step 9

Put adjectives which are opposite in meaning in these sentences:
1. Roedd y noson yn ddiflas iawn.
2. Mae'r trefniadau teithio'n anghyfleus.
3. Maen nhw'n credu eu bod nhw'n ddibwys.
4. Roedd hi'n ymddwyn mewn ffordd weddus iawn.
5. Ydy'r cwpwrdd yn dal yn anhrefnus?
6. Rydw i'n barod i helpu fy ngholeg newydd.

7. Mae'r cinio'n ddi-flas iawn.
8. Mae hi wedi mynd yn ferch annibynnol iawn.

Change the adjectives in these sentences, using ones which are opposite in meaning:
1. Roedd y chwaraewyr yn ddiamynedd iawn.
2. Roedd y dyfarnwr yn amhrofiadol dros ben.
3. Doedd y gôl gyntaf ddim yn bwysig.
4. Gwnaeth hi'r gwaith yn ddiofal.
5. Mae'r stori'n un ddiystyr.
6. Maen nhw'n bobl anhrefnus.
7. Nhw yw'r rhai mwyaf didwyll yn y dref.
8. Mae hi'n ferch ddideimlad iawn.

Adjectives Step 10
Translate:
1. Y llyfr rhad ei olwg.
2. Pryd wedi ei baratoi'n ardderchog.
3. Bwyd wedi ei goginio'n wych.
4. Llythyr wedi ei ysgrifennu'n glyfar.
5. Pont wedi ei hadeiladu'n gadarn.
6. Nant gyflym ei llif.
7. Nofel ar ei hanner. / Nofel wedi ei hanner darllen.
8. Darlun wedi ei beintio'n ardderchog.

Put appropriate phrases in the gaps:
1. Roedd y siwt yn rhy gostus i fi, felly phrynais i mohoni hi.
2. Roedd y crysau'n rhad dros ben, felly prynais i bump.
3. Roedd y sgert ychydig bach yn fach, felly es i â hi yn ôl i'r siop.
4. Mae'r siop hon yn gymharol rad, felly rwy'n prynu yno'n eithaf aml.
5. Rydw i'n teimlo'n lled dda, rydw i bron wedi gwella.
6. Mae e yn y gwely o hyd – dyw e ddim hanner da.
7. Aethoch chi i nofio ddydd Nadolig? Dydych chi ddim hanner call.
8. Rydw i'n benderfynol o wneud y gwaith yn iawn y tro hwn.

Adjectives Step 11
Change these sentences, following this pattern:
1. Mae'r effaith yn weladwy.
2. Mae'r gwin yn yfadwy.
3. Mae'r gwahaniaeth yn weladwy.
4. Mae'r perfformiad yn gofiadwy.
5. Mae'r llyfr yn ddarllenadwy.
6. Roedd y neges yn ddealladwy.
7. Roedd y stori'n gredadwy.
8. Roedd y caws yn fwytadwy.

Translate these sentences:
1. Roedd y bwyd yn fwytadwy ond doedd y dŵr ddim yn yfadwy.
2. Mae'r gerddoriaeth yn ddymunol, a'r actorion yn alluog iawn.
3. Mae'r Cymry'n credu eu bod nhw'n bobl ddiwylliedig iawn.
4. Er bod y ffilm yn ofnadwy, cawson ni noson foddhaol.
5. Mae corff etholedig yn well nag un detholedig.
6. Peidiwch â siarad â mi am wleidyddion. Maen nhw i gyd yn llygredig.
7. Twf cynaladwy? Beth yw ystyr hynny?
8. Roedd hi'n fenyw garedig, freuddwydiol.

Adjectives Step 12

Correct these sentences:
1. Mae chwaraewyr Cymru heddiw cynddrwg â phlant.
2. Dydy'r swper ddim cystal â'r cinio.
3. Roedd y gwaith cartref cyn hawsed â'r gwaith dosbarth.
4. Mae siop Aldo cyn rhated â'r archfarchnad.
5. Fydd y tywydd eleni ddim cyn syched â'r tywydd y llynedd.
6. Dydy ddim wedi bwrw cymaint eleni.
7. Dydy'r ffilm ddim hanner cystal â'r llyfr.
8. Roedd y ferch cyn lleied â'i mam.

Change the long form of these adjectives to the short form:
1. Mae'r ganrif hon cyn wlyped â'r ganrif ddiwethaf.
2. Bydd y tywydd cyn boethed â'r haf.
3. Roedd y gwanwyn cyn fyrred â'r gaeaf.
4. Dydy'r hinsawdd ddim cyn oered ag y buodd.
5. Doedd y tymheredd ddim cyn ised â ddoe.
6. Dydy'r Wyddfa ddim cyfuwch â'r Alpau.
7. Ydy Affrica cyn boethed ag India?
8. Mae'r haf yng Nghymru cyn fyrred â'r gaeaf yn Awstralia.

Adjectives Step 13

Translate these sentences:
1. Ydy Cader Idris yn uwch na Phumlumon?
2. Mae castell Harlech yn llai na Chaernarfon, ond mae e'n bertach.
3. Mae hi'n ddoethach na'i brawd.
4. O'r ddwy dref, Pwllheli yw'r bertaf.
5. Roedd e'n well bardd na'i dad.
6. Roedd yr afon yn llawer lletach wrth y môr.
7. Mae Casnewydd yn is na Phontypridd yn y cynghrair.
8. Mae gwin Hwngaria'n gochach ac yn sychach na gwin Ffrainc.

Change the long form of these adjectives to the short form:
1. Mae'r wlad yn iachach na'r dref.
2. Ydy Caerdydd yn bertach na Wrecsam?
3. Mae Blaenau Ffestiniog yn wlypach na Chasnewydd.
4. Mae ceffyl yn gallu rhedeg yn gynt na chi.
5. Mae hi'n rhatach teithio ar y bws.
6. Roedd wyneb y ferch yn wynnach na phapur.
7. Roedd y bachgen yn iau na'i chwaer.
8. Roedd y nos yn dduach na bola buwch.

Adjectives Step 14

Change the long form of these adjectives to the short form:
1. Yr Wyddfa yw'r mynydd uchaf yng Nghymru.
2. Beth yw'r ffordd hawsaf o ddysgu Cymraeg?
3. Prynais i'r dillad drutaf yn y siop.
4. Pa un yw'r bryn isaf?
5. Neithiwr oedd noson dywyllaf y gaeaf.
6. Mae hi'n tyfu'r tomatos cochaf yn yr ardal.
7. Fy nhad-cu yw'r person hynaf yn y gogledd.
8. Dydy ei char hi ddim yn un o'r cyflymaf.

Put an appropriate adjective in the gaps:
1. Yr Wyddfa yw'r mynydd uchaf yng Nghymru.
2. Methusula yw'r person hynaf yn y Beibl.
3. Gwnaeth hi ei gorau glas dros ei mam.
4. Y cyntaf i'r felin gaiff falu.
5. Mis Tachwedd yw mis gwlypaf y flwyddyn.
6. Mis Mehefin yw'r mis sychaf, fel arfer.
7. Er gwaethaf popeth, fe basiodd hi'r arholiad.
8. Dydw i ddim yn hoff iawn o bobl drws nesaf.

Translate these sentences:
1. Roedd hi'n llawer gwell na'i brawd yn yr ysgol.
2. Gweithion nhw'n galetach heddiw na ddoe.
3. Fe, yn amlwg, yw'r gorau o'r ddau ymgeisydd.
4. Beth bynnag yw eu barn nhw amdano fe, bydd rhaid iddyn nhw wneud y gwaith.
5. Po fwyaf o bobl sydd yma, mwyaf oll o fwyd bydd rhaid i ni ei goginio.
6. Pa mor ofalus bynnag ydyn ni, byddwn ni bob amser yn gwneud camsyniadau.
7. Gwynfor Evans oedd Cymro mwyaf yr ugeinfed ganrif.
8. Mae hi'n llawer gwell aros gartref os ydych chi'n sâl.

Adjectives Step 15
Translate these sentences:
1. Po fwyaf o bobl sy'n hela, mwyaf oll yw'r perygl i anifeiliaid.
2. Po fwyaf yw'r perygl, mwyaf oll mae e'n hoffi dringo. / mwyaf hoff yw e o ddringo.
3. Po fwyaf o bobl sy'n prynu yn y siop, rhataf oll fydd y dillad.
4. Po amlaf rydw i'n gweld y ffilm, mwyaf oll rydw i'n ei hoffi.
5. Gorau po gyntaf mae e'n gwneud y gwaith.
6. Pa ffordd bynnag rydych chi'n edrych arno, dydy e ddim yn gwneud synnwyr.
7. Po gyntaf rydych chi'n yfed, cyflymaf rydyn ni'n gallu gadael.
8. Pa mor ddrud bynnag ydy e, rydw i'n mynd i'w brynu e.

Put these phrases in the gaps:
gorau oll, po fwyaf, beth bynnag, pa faint bynnag, pa mor, po leiaf, lle bynnag, pryd bynnag
1. Pryd bynnag rydw i'n mynd i'r gwely, rydw i'n blino wrth godi.
2. Gorau po fwyaf o bobl fydd yn dod i'r parti.
3. Po fwyaf rydw i'n ymarfer, gorau oll rydw i'n chwarae.
4. Rydw i am brynu hwn, beth bynnag yw'r pris.
5. Pa mor ddrud bynnag ydy e, mae hi am ei gael.
6. Gorau po leiaf rydw i'n clywed amdanyn nhw.
7. Mae'r wlad yn braf, lle bynnag rydych chi'n mynd.
8. Mae hi mor oer, byddwch chi'n rhewi pa faint bynnag byddwch chi'n ei wisgo.

Nouns Step 1
Put these words after 'y' or 'yr':
1. y fam yng nghyfraith
2. yr ast
3. y fam-gu
4. y cefnder
5. y cwrcyn
6. y gyfnither
7. y tarw
8. y gath
9. yr ardd
10. yr hwch

11. y ddafad
12. y fuwch
13. y mochyn
14. y chwaer
15. y brawd
16. y fodryb

Correct these sentences:
1. Mae dwy chwaer ac un brawd gen i.
2. Mae tri chi a dwy gath yn y tŷ.
3. Mae dwy ystafell wely yn ein tŷ ni.
4. Dim ond un llong oedd ar y môr.
5. Rydyn ni'n chwilio am dŷ gyda thair ystafell.
6. Roedd y ddwy ferch wedi gadael y tŷ.
7. Mae un ferch ac un mab ganddyn nhw.
8. Dydyn ni ddim wedi gweld y fenyw lanhau.

Nouns Step 2

Translate these sentences:
1. Mae'r bobl yn gweithio'n galed.
2. Mae'r llyfrgellydd wedi darllen rhai llyfrau.
3. Hi ydy cadeirydd y pwyllgor.
4. Ydych chi wedi cael derbynneb?
5. Ydych chi'n deall y dechnoleg newydd?
6. Rydw i'n gallu defnyddio cyfrifiadur, ond dydw i ddim yn gallu teipio.
7. Ydy'r gwasanaeth wedi dechrau?
8. Beth ydy'r gwahaniaeth rhwng y ddwy swydd?

Change the nouns in these sentences into feminine ones:
1. Mae'r gyfreithwraig yn gweithio'n galed.
2. Ydych chi'n nabod yr awdures?
3. Neidiodd y llewes arno fe.
4. Mae un Saesnes ac un Gymraes yma.
5. Athrawes ydw i – beth ydych chi?
6. Roedd Ceri'n ysgrifenyddes yn yr ysgol.
7. Pan fydda i wedi gorffen yn y coleg, fi fydd organyddes y capel.
8. Mae bywyd myfyrwraig yn fywyd caled.

Nouns Step 3

Translate these sentences:
1. Cawson nhw freuddwydion melys. / dymunol
2. Aeth y gwragedd ar wyliau.
3. Gwelson ni afonydd, llynnoedd a mynyddoedd.
4. Doedd y cyfrifiaduron ddim yn gweithio.
5. Mae'r arholiadau'n dechrau mewn mis. / ymhen mis
6. Roedd milltiroedd o heolydd.
7. Doedd y Saeson ddim yn gallu siarad Sbaeneg.
8. Roedd gan y plas erddi hyfryd.

Change the nouns in these sentences into the plural:
1. Ces i freuddwydion dymunol neithiwr.
2. Roedd arwyddion ar y waliau.
3. Mae actorion amatur yn actio heno.
4. Er mwyn osgoi cawodydd trymion aethon ni adre. / cawodydd trwm

5. Cerddais i am filltiroedd cyn cyrraedd y cymoedd.
6. Roedd ei meibion yn cofio ati hi.
7. Mae'r colegau'n cau'n gynnar eleni.
8. Mae hi wedi gorffen y traethodau o'r diwedd.

Nouns Step 4

Change the nouns in these sentences into the plural:
1. Roedd arddangosfeydd ardderchog yn yr amgueddfeydd ym Mharis.
2. Aeth yr ymgeiswyr o gwmpas yr ysbytai.
3. Mae gwestai, llyfrgelloedd a phyllau nofio yng Nghaernarfon.
4. Eisteddai'r cardotwyr ym mynedfa'r adeiladau.
5. Enillodd cefnderoedd y beirdd y prif wobrau. /cefndyr, cefndryd
6. Fe brynon ni fuchod a theirw – yn y gobaith o gael lloi.
7. Roedd llythyrau ym mhoced y postmyn.
8. Mae angen hoelion i roi'r prennau ar y pyst.

Correct these sentences:
1. Roedden nhw wedi cyrraedd y swyddfeydd yn gynnar.
2. Ydy'r cyllyll a'r ffyrc ar y bwrdd?
3. Maen nhw'n mynd i adeiladu pump o ysbytai newydd.
4. Roedd y coed yn llawn dail gwyrdd.
5. Mae hi wedi pobi chwech o dorthau.
6. Mae gyrwyr bysys ar streic heddiw.
7. Maen nhw'n aros yn y gwestai ger y môr.
8. Roedd llawer o byllau glo yn y Rhondda.

Nouns Step 5

Translate these sentences:
1. Rydw i wedi ysgrifennu llawer o lythyrau i'r cynghorau.
2. Maen nhw wedi dechrau dosbarthiadau Cymraeg yn y ffatrïoedd.
3. Mae'r gwestai'n cynnig prydau da. /gweini prydau da
4. Mae ieithoedd y Groegiaid a'r Rhufeiniaid yn dal yn fyw. /o hyd yn fyw
5. Roedd llwythi o bapur gwastraff yn y gweisg argraffu.
6. Mae llifogydd yn digwydd sawl gwaith yn ystod y flwyddyn.
7. Ar brydiau cafodd y nodau eu canu'n rhy uchel.
8. Ar ôl sawl ymgais, sgorion nhw geisiau.

Correct these sentences:
1. Doedd hi ddim yn hoffi canu'r nodau uchel.
2. Mae'n rhaid bwyta prydau twym yn y gaeaf.
3. Rhoddodd hi lawer o gynghorion i fi.
4. Roedd y pwysau gwaith yn fawr.
5. Mae bywyd yn galed ar lwythau Affrica.
6. Mae'n well gwneud nodiadau cyn ysgrifennu traethawd.
7. Roedd y wlad yn braf, a choed ar y bronnydd.
8. Rydw i wedi prynu chwech o bwysi o afalau.

Nouns Step 6

Put appropriate nouns in the gaps:
1. Prynais i boteli o win.
2. Roedd hi wedi pobi torthau o fara.
3. Roedd pwysi o fenyn yn yr oergell.
4. Rydyn ni'n agor tuniau o ffa i swper bob nos.
5. Mae'r pacedi o siwgr ar y silff uchaf.

6. Roedd sacheidiau o lo o flaen siop y garej.
7. Mae pentyrrau o lyfrau ar fwrdd y llyfrgell.
8. Mae'r biniau sbwriel yn cael eu casglu bob dydd Llun.

Translate these sentences:
1. Mae tunelli o fwyd yn cael eu hanfon i Sudan.
2. Mae gan Ewrop fynyddoedd o fenyn a llynnoedd o win.
3. Rydw i'n casáu bwyta bresych a moron.
4. Roedd newyn yn y wlad ar ôl y sychder.
5. Roedd hi'n teimlo llawenydd a thristwch yr un pryd.
6. Mae'r tywydd yn newid yn sydyn o wres i oerfel.
7. Rydyn ni'n cael tatws, pys, ffa a chig i ginio.
8. Gwnaeth hi jam eirin a mefus.

Nouns Step 7

Give the opposite of these nouns:
1. y cyfoethog
2. y parchus
3. y gwael
4. y sur
5. y da
6. yr annoeth
7. yr hen
8. yr iach

Put appropriate plural nouns in the gaps:
1. Y cyfoethogion sy'n berchen y rhan fwyaf o dir y wlad.
2. Mae'r tlodion yn byw mewn tai pren ar ymyl y ddinas.
3. Doedd dim llawer o hawliau gan y duon yn Ne Affrica.
4. 'Gwlad beirdd a chantorion, enwogion o fri.'
5. Mae gan y deillion gŵn i'w helpu nhw ar strydoedd y dref.
6. Mae Gwenallt yn sôn am bobl oedd wedi dioddef yn ei gerdd 'Y meirwon'.
7. Ar ôl cael y marciau uchaf, Huw a Jac oedd y goreuon.
8. Derbyniodd yr ysbyty'r gweiniaid.

Nouns Step 8

Say what is the function of the underlined words:
(e.g. subject, object, adjective, genitive)
1. <u>Ymarfer</u> yw'r peth pwysig cyn arholiad... subject
2. Mae e'n casáu <u>coginio</u>... object
3. Doedd dim papur <u>ysgrifennu</u> ar ôl yn y tŷ... adjective
4. Dyma gopi o raglen y <u>dathlu</u>... genitive
5. Ydych chi'n aelod o'r pwyllgor <u>penodi</u>?... adjective
6. <u>Cerdded</u> yw'r math gorau o ymarfer... subject
7. Maen nhw'n hoffi <u>bwyta</u> bwyd Indiaidd... object
8. Ydych chi wedi clywed canlyniad y <u>cystadlu</u>?... genitive

Form verb-nouns from these nouns:
1. cwsg – cysgu
2. cystadleuaeth – cystadlu
3. gwên – gwenu
4. taith – teithio
5. blodyn – blodeuo
6. dŵr – dyfrhau

31

7. rheol – rheoli
8. gofid – gofidio
9. pryder – pryderu
10. trefn – trefnu

Nouns Step 9

Connect words in the left-hand column with those in the right-hand column:
1. strydoedd y ddinas
2. Senedd Ewrop
3. Prifysgol Cymru
4. Eglwys y Santes Fair
5. tlodi pobl ddigartref
6. gwaith cartref
7. tywyllwch y nos
8. croen eliffant

Fill the gaps in these sentences:
1. Mae angen lloches ar y digartref.
2. Mae rhai'n credu mai gwehilion cymdeithas yw'r digartref.
3. Yn anffodus, mae cam-drin plant wedi mynd yn gyffredin.
4. Mae rhai cynghorau tref yn darparu adeilad arbennig i'r digartref.
5. Ydy diweithdra yn broblem fawr yn eich ardal chi?
6. Mae llawer yn gorfod cysgu yn nrysau siopau.
7. Dydy ystadegau ddim bob amser yn datgelu maint y dioddef.
8. Er gwaethaf ymdrechion mudiadau gwirfoddol, mae'r broblem yn parhau.

Nouns Step 10

Translate these sentences:
1. Ar ôl cau'r ffatri, ceisiodd cyngor y dref wneud rhywbeth. /Ar ôl i'r ffatri gau…
2. Chwaraewyd record newydd y band yn y rhaglen deledu.
3. Ydych chi am dreulio gweddill eich bywyd mewn cartref hen bobl?
4. Ydy gwledydd Ewrop yn ceisio helpu gwledydd y trydydd byd?
5. Gobaith y tîm oedd ennill cwpan y byd.
6. Mae ieuenctid wedi ei wastraffu ar yr ifanc.
7. Dylai dysgu Cymraeg fod yn orfodol yng ngorllewin Lloegr.
8. Dylai fod gan yr anabl a'r henoed fwy o gyfleusterau siopa.

Give two-word phrases for the following:
1. siop amladran
2. canolfan siopa
3. oriel gelf
4. canolfan gwaith
5. cludiant cyhoeddus
6. llysoedd ynadon
7. maes parcio
8. treth incwm

Nouns Step 11

Translate these sentences:
1. Beth yw 'llefrith' yng Nghymraeg y de?
2. Beth yw 'mam-gu' yng Nghymraeg y gogledd?
3. Mae Cymraeg yn un o ieithoedd bach Ewrop.
4. Mae tua thri deg pump o ieithoedd bach yn Ewrop gan gynnwys Basgeg, Gwyddeleg a Chatalaneg.

5. Mae mwy o bobl yn siarad Catalaneg na Daneg a Norwyeg.
6. Mae storïau da am y Cymry, y Saeson a'r Gwyddelod.
7. Pam mae storïau am y Gwyddelod mor syml? Fel bod y Saeson yn gallu eu deall nhw.
8. Ymwelon ni â'r Almaen, y Swistir a'r Eidal eleni.

Correct these sentences:
1. Mae llawer o Saeson yn byw yng nghefn gwlad Cymru.
2. Mae rhaid i bawb astudio Ffrangeg yn ein hysgol ni.
3. Beth yw hynny yn Gymraeg? Mêl?
4. Beth yw 'nain' yng Nghymraeg y de? Naw?
5. Roedd y nofel wedi ei hysgrifennu mewn Cymraeg da.
6. Rydych chi'n siarad Cymraeg yn dda iawn.
7. Dysgodd y myfyrwyr Gymraeg mewn mis.
8. Ydych chi wedi bod yng ngwersyll yr Urdd yn y Bala?

Nouns Step 12
Correct these sentences:
1. Dywedodd Arlywydd America ei fod yn mynd i ymddeol.
2. Beth yw 'llefrith' yn Saesneg y de?
3. Ydych chi wedi clywed am y tywysog Llywelyn yr ail?
4. Beth yw eich barn chi am ysgrifennydd y cynulliad?
5. Annwyl Arglwydd Elvis-Thomas, Diolch am eich llythyr…
6. Mae senedd yr Alban yng Nghaeredin.
7. Roedd Esgob Bangor yn siarad yn y neuadd.
8. Mae afon Tawe ac afon Taf yn llifo i Fôr Hafren.

Translate these sentences:
1. Gwelais i Esgob Bangor y bore 'ma.
2. Rydyn ni'n ysgrifennu at y Cynghorydd Jones.
3. Glyndŵr oedd Tywysog olaf Cymru? /Ai Glyndŵr…
4. Dyma'r Athro Williams – fe ysgrifennodd y llyfr ar hanes Cymru.
5. Pwy yw ein Haelod Cynulliad?
6. Rydw i wedi â Phrif Ysgrifennydd y Cynulliad.
7. Mae hi'n gweithio i Wasg Prifysgol Cymru.
8. Hi yw capten tîm rygbi Cymru.

Pronouns Step 1
Put an appropriate pronoun in these gaps:
1. Rydyn ni'n yfed coffi.
2. Maen nhw eisiau dod gyda ni.
3. Dydw i ddim yn hoffi te cryf.
4. Hi ydy'r athrawes.
5. Fe ydy'r chwaraewr gorau.
6. Rwyt ti'n lwcus iawn.
7. Ydych chi eisiau cael cwpaned arall?
8. Wyt ti'n ei ddysgu e?

Correct these sentences:
1. Maen nhw'n codi'n gynnar.
2. Mae hi'n braf iawn heddiw.
3. Ydy hi'n naw o'r gloch?
4. Maen nhw'n hoffi llawer o siwgr.
5. Rydych chi'n gorffen y gwaith yn gynnar heddiw.
6. Fi ydy capten y tîm criced eleni. /Fi yw

7. Mae e'n dechrau cysgu o'r diwedd.
8. Fe yw'r gorau yn y dosbarth.

Pronouns Step 2
Mutate the words between [ ] in these sentences:
1. Mae fy [nhad-cu]'n dod o'r Rhondda.
2. Mae fy [mrawd] yn gweithio mewn swyddfa.
3. Ydych chi'n nabod fy [nhad]?
4. Rydw i'n nabod dy [fam-gu] di.
5. Rydw i'n gweld ei [thad] hi bob dydd.
6. Mae dy [frawd] di'n gweithio gyda fi.
7. Ble mae dy [gefnder] di'n byw?
8. Rydw i'n gweld ei [fab] e yn yr ysgol.
9. Ydy dy [gyfnither] di'n dod i de?
10. Ydych chi nabod ei [hewythr] hi?

Translate these sentences:
1. Ydych chi'n nabod ei thad hi?
2. Ydych chi wedi cwrdd â'i gefnder e?
3. Dyma fy ngwraig i.
4. Ble mae eich brawd chi heno?
5. Gwelais i ei fam e neithiwr.
6. Mae ei theulu hi'n dod o Gernyw.
7. Cwrddais i â'u hewythr nhw yn y dref.
8. Rydw i'n gobeithio bod fy ngŵr i'n gwrando.

Pronouns Step 3
Put a pronoun instead of a noun in these sentences:
1. Mae Mrs Jones yn eu gwerthu nhw.
2. Mae Mrs Evans wedi ei dalu e.
3. Roedd hi'n ei ddarllen e.
4. Maen nhw'n ei gweld hi bob dydd.
5. Fe fyddan nhw'n ei brynu e bob bore Sadwrn.
6. Mae e'n moyn ei phrynu hi.
7. Roedden ni wedi eu gwerthu nhw.
8. Dydyn ni ddim yn ei werthu e.
9. Mae Mr Thomas yn eu talu nhw.
10. Dydy e ddim wedi ei gwerthu hi.

Correct these sentences:
1. Maen nhw'n fy nhalu i.
2. Roedd e wedi ei dalu e.
3. Rydyn ni'n gobeithio eu talu nhw.
4. Bydda i'n ei thalu hi yfory.
5. Roedden nhw wedi ei gwerthu hi.
6. Dydyn nhw ddim yn ei werthu e heddiw.
7. Dydw i ddim eisiau ei thalu hi.
8. Rydych chi wedi ei brynu e'n rhad.

Pronouns Step 4
Translate these sentences:
1. Rydw i'n gwybod eu bod nhw'n byw yng ngogledd Cymru.
2. Ydych chi wedi clywed ei bod hi'n gadael?
3. Rydyn ni'n gobeithio ei fod e'n dod adre.

34

4. Ydych chi'n credu eu bod nhw'n gwneud digon?
5. Rydw i'n credu eu bod nhw ddim yn gwneud ymdrech.
6. Maen nhw'n gwybod fy mod i ddim yn hoffi byw yma.
7. Mae hi'n gobeithio fy mod i'n mynd i gael yr arian.
8. Maen nhw'n credu ein bod ni'n gweithio gormod.

Fill the gaps with appropriate words:
1. Ydych chi wedi clywed ein bod ni'n mynd heno?
2. Mae hi'n credu ei fod e wedi gorffen.
3. Rydw i'n gobeithio ei bod hi ddim wedi gadael.
4. Maen nhw'n gwybod fy mod i ddim wedi yfed neithiwr.
5. Rydw i'n siŵr eich bod chi wedi gweld hyn o'r blaen.
6. Ydych chi'n credu eu bod nhw'n rhy ddrud?
7. Roedden nhw'n gobeithio eu bod nhw'n mynd i ennill.
8. Oeddech chi'n gwybod ei fod e ddim yn y tîm?

Pronouns Step 5
Put an infixed pronoun in the gaps, and mutate if necessary:
1. Rydw i wedi dod â'm camera.
2. Rydw i a'm brawd wedi colli'r tocyn.
3. Rwyt ti a'th fam wedi chwilio.
4. Mae e wedi rhoi'r llyfr i'w dad.
5. Mae hi eisiau diolch i'w rhieni.
6. Rydyn ni'n mynd i'm hysgol.
7. Rydych chi wedi dod o'ch ysgol.
8. Maen nhw wedi mynd i'w gwely.
9. Mae Siân yn mynd i'r dref efo'i thad.
10. Mae Huw'n cerdded adre gyda'i dad-cu.

Translate these sentences:
1. Siaradwch â'ch tad amdano fe.
2. Dewch â'm cot a'm bag.
3. Dydw i ddim yn ei chredu hi.
4. Ydych chi'n eu hateb nhw bob tro?
5. Rydw i wedi eu gweld nhw'n gwneud hynny o'r blaen.
6. Rydw i'n gobeithio eich bod chi wedi ei weld e yn fy ngardd i.
7. Gwelon ni hi'n gweithio yn ei thŷ hi.
8. Dydw i ddim yn credu fy mod i wedi ei ddarllen e.

Pronouns Step 6
Ask questions to get these responses:
1. Beth mae e'n yfed?.
2. Beth maen nhw'n ei fwyta?.
3. Pwy oedd yma?
4. Pryd daw'r bil?
5. Pa mor aml roedden nhw'n bwyta?
6. Beth roedd hi'n ei fwyta?
7. Pa mor aml rydych chi wedi bod yma?
8. Sut gawl yw e?

Correct these sentences:
1. Sawl cwpan sy ar y silff?
2. Faint o fara mae e'n ei fwyta?
3. Sut frecwast gawsoch chi heddiw?
4. Beth mae hi'n ei yfed i frecwast?

5. Sawl plât sydd ar y bwrdd?
6. Am beth roedd e'n siarad?
7. Pa liw ydyn nhw?
8. Sut maen nhw'n gwybod?

Pronouns Step 7

Translate these sentences:
1. Rydw i'n deall y rhain, ond mae'r berfau hynny'n/yna'n amhosibl.
2. Ddysgoch chi hyn yr wythnos hon?
3. Beth yw hynny yn Gymraeg?
4. Beth yw ystyr y ddihareb yna? / y ddihareb honno
5. O hyn ymlaen, rydw i'n mynd i ddechrau cymryd y rhain.
6. Ar hyn o bryd, rydw i'n cael anhawster gyda'r rhagenwau hyn.
7. Roedd hwn yn hawdd ond mae hwnnw'n fwy anodd.
8. Ydych chi wedi gweld y treigladau yna/hynny o'r blaen?

Put an appropriate word or words in the gaps:
1. Ydych chi'n nabod y ferch honno?
2. Mae'r rhain yn edrych yn ddeniadol.
3. Roedd hi'n rhy hwyr erbyn hynny.
4. Aeth hi'n gynnar, ac oherwydd hynny mae tipyn o amser gen i.
5. Rydw i wedi gweld y bachgen hwnnw o'r blaen.
6. Dydw i ddim yn eisiau gweithio ar hyn o bryd.
7. Mae hynny'n wir.
8. Rydw i wedi gweld y rheiny o'r blaen.

Pronouns Step 8

Put reduplicated pronouns in the gaps:
1. Hyhi sydd ar fai.
2. Nyni yw'r pencampwyr.
3. Y nhw ydy'r lladron. / Hwynt-hwy
4. Hyhi sy wedi colli'r tocynnau.
5. Y nhw sy heb wneud y gwaith./ Hwynt-hwy
6. Efe sydd wedi mynd â'r bwyd.
7. Chwychwi sy wedi bod yn diogi. / Y chi
8. Tydi sydd wedi gwneud y cawl.

Translate these sentences:
1. Roeddet tithau wrthi.
2. A beth amdanoch chithau?
3. Mae yntau wedi bod yn y carchar. / yng ngharchar
4. Bydd rhaid i minnau fynd.
5. Roedd hithau yno.
6. Es i i Gaerdydd, ac yntau i Abertawe.
7. Bydd rhaid i ninnau adael.
8. Fydd rhaid i chithau aros?

Pronouns Step 9

Translate these sentences:
1. Chwaraeon nhw yn erbyn ei gilydd cyn y gêm.
2. Roedden ni'n gweiddi ar ein gilydd ar ôl i'r gôl gael ei sgorio.
3. Ydych chi'n siarad â'ch gilydd yn awr?
4. Doeddwn i ddim yn gallu fy nghredu fy hun. / fy hunan
5. Perswadion nhw'u hunain eu bod nhw'n gallu chwarae rygbi.

6. Helpon ni'n hunain i'r bwyd.
7. Cloiodd hi ei hun yn y gegin. / ei hunan
8. Ar ôl iddyn nhw sgorio cusanon nhw ei gilydd.

Correct these sentences:
1. Chwaraeon nhw yn erbyn ei gilydd.
2. Mae e'n ceisio ei wella'i hunan trwy weithio'n galed.
3. Roedden nhw eisiau eu mwynhau eu hunan ar y traeth.
4. Roedden ni'n chwarae gyda'n gilydd yn y parc.
5. Gwelais i nhw'n cystadlu yn erbyn ei gilydd.
6. Peidiwch â gweiddi ar eich gilydd!
7. Roedd y ddau yn y gornel yn cusanu'i gilydd.
8. Rhaid i chi wynebu eich gilydd ryw ddiwrnod.

Pronouns Step 10
Put an appropriate phrase in the gaps:
pob un, dyn, rheiny, unman, pa un, un yma, dim un, un peth
1. Roedd dyn yn arfer credu bod gwersylla'n ddymunol.
2. Pa un o'r disgyblion sydd wedi gorffen ei waith?
3. Mae pob un wedi gorffen.
4. Does dim un ar ôl.
5. Ewch â'r un yma – mae'n well na'r lleill.
6. Fe brynais i'r llyfr yma ddoe – ond mae e'r un peth â'r llall.
7. Doedd y tocyn ddim i'w weld yn unman.
8. Mae'r rhain yn iawn, ond mae'r rheiny'n well.

Translate these sentences:
1. Pa un o'r rhain yw'r gorau? / p'un
2. Rydw i'n credu eu bod nhw i gyd yr un peth. / yr un fath
3. Ydych chi'n siarad am y rhain neu'r rheiny?
4. Gallai dyn feddwl eu bod nhw i gyd yn cysgu.
5. Mae rhai ohonyn nhw'n dringo yfory.
6. Mae rhai plant yn mynd yno bob blwyddyn.
7. Rydw i wedi bod yno unwaith.
8. Dydw i ddim yn gallu ei weld e yn unman.

Pronouns Step 11
Correct these sentences:
1. Bydda i'n gwella ryw ddiwrnod.
2. Dydw i ddim yn hoffi hyn ryw lawer.
3. Mae rhywbeth mawr o'i le arno fe.
4. Dywedodd rhywun fod afalau'n dda.
5. Wnaiff unrhyw foddion y tro?
6. Mae e wedi rhoi'r pils i ryw ddeg o bobl.
7. Mae sawl peth i'w gwneud. / ... i'w wneud
8. Sawl meddyg sy wedi galw?

Translate these sentences:
1. All unrhyw un helpu?
2. Ydych chi wedi clywed unrhyw beth?
3. Mae rhywbeth rhyfedd amdani hi. / rhywbeth od
4. Rhoddodd e ryw bils cas i fi.
5. Sawl gwely sydd yn y ward?
6. Mae sawl peth ar goll.

7. Oes unrhyw obaith ar ôl?
8. Dylai rhywun ofalu amdano fe.

Pronouns Step 12

Translate these sentences:
1. Mae llawer gormod o bobl yn y dosbarth.
2. Faint o siaradwyr di-Gymraeg sy'n anfon eu plant i'r ysgol?
3. Oes llawer o ysgolion Cymraeg yn yr adral?
4. Pwys o datws a pheth pys os gwelwch yn dda. / ac ychydig bys / a thipyn o bys
5. Roedd rhai o'r dosbarth yn gwybod y gwaith, ond doedd gweddill y disgyblion ddim.
6. Mae hen ddigon o waith cartref gen i heno.
7. Ychydig iawn o bobl sy'n dysgu Ffrangeg yn dda yn yr ysgol.
8. Mae rhai pethau mae rhaid i ddyn wybod am dreigladau.

Correct these sentences:
1. Does dim llawer o ddosbarthiadau Cymraeg yn Llundain.
2. Roedd llawer o ddigwyddiadau'n cael eu cynnal yn y pentref.
3. Bydd llawer iawn o ddysgwyr yn mynd i'r eisteddfod.
4. Mae sawl dysgwr yn mynd ymlaen i'r coleg.
5. Roedd llawer gormod o Saeson yn byw yn y pentref.
6. Does neb yn mynd i'r dosbarth.
7. Mae hen ddigon o bobl yn y coleg erbyn hyn.
8. Faint o fewnfudwyr sydd yn eich ardal chi?

Pronouns Step 13

Translate these sentences:
1. Rydw i'n edrych ar yr holl lyfrau bob dydd.
2. Doedd dim syniad gen i eu bod nhw'n gwbl anghywir. / hollol anghywir
3. Roedd pawb arall wedi gorffen y gwaith yn berffaith.
4. Does dim byd mwy pwysig yn y papur – clecs yw e i gyd.
5. Gwarion nhw eu harian i gyd ar fwyd – doedd dim ar ôl i gynilo.
6. Y banc yma sy'n cynnig y llog uchaf oll. / Dyma'r banc sy'n… / Y banc hwn …
7. Bob yn dipyn aethon ni'n dlotach bob blwyddyn.
8. Doedd neb ohonon ni wedi clywed ein bod ni i gyd heb swydd. / heb waith

Correct these sentences:
1. Does neb yn gwybod beth sy'n digwydd.
2. Roedd yr holl arian wedi diflannu.
3. Ble mae'r llyfrau i gyd wedi mynd?
4. Doedd dim byd ar y ddesg.
5. Collodd Huw ei holl arian yn y fenter.
6. Mae'r wlad oll mewn trafferthion economaidd.
7. Bydd holl weithwyr y banc yn mynd ar streic.
8. Roedd yr holl wlad yn poeni am y sefyllfa.

Put these words in the gaps:
holl, oll, pob dim, pawb, pob un, neb, cyfan,
yn gyfan gwbl, hollol, wedi'r cwbl, i gyd, dyma
1. Does neb yn fy nghredu.
2. Bydda i yma yn y gell am yr holl fisoedd nesaf, yn gyfan gwbl ar fy mhen fy hun, a hyn oll am fod fy ffrind wedi dweud celwydd.
3. Mae'r sefyllfa'n hollol annheg.
4. Rwy'n teimlo bod pawb yn fy erbyn i.
5. Wedi'r cwbl, roedd pob un oedd wedi fy ngweld y diwrnod hwnnw wedi dweud imi dreulio'r dydd i gyd yn y caffe.

6. Erbyn hyn mae'r cyfan drosodd.
7. Rydw i wedi gwneud pob dim i ddod yn rhydd.
8. Fe gollais i'r achos yn y llys, a dyma fi.

Pronouns Step 14

Translate these sentences:
1. Ar y naill law mae hi'n gyfleus, ond ar y llaw arall mae hi'n ddiangen. / mae e / yn anangenrheidiol
2. Ddysgodd y naill na'r llall Sbaeneg. / Doedd yn naill na'r llall yn …
3. Rhwng y naill beth a'r llall methon nhw eu harholiadau.
4. Gwrandawodd y lleill tra gweithiai rhai ohonyn nhw.
5. Dysgodd y ddau ddarlithydd y ddau bwnc. / Dysgai'r …
6. Doedd y naill na'r llall o'r colegau'n dysgu Almaeneg.
7. Mae'r naill yn dysgu ffiseg, ond mae'r llall yn dysgu mathemateg hefyd.
8. Mae'r colegau eraill yn arbenigo mewn economeg.

Put a correct expression in the gaps:
llall, ar y llaw arall, lleill, ill, ddau, eraill, naill ai, naill
1. Ar y naill law mae'r coleg yn boblogaidd, ond ar y llaw arall mae'n bell i ffwrdd.
2. Dydw i ddim yn nabod y naill ddarlithydd na'r llall.
3. Maen nhw ill dau yn gwneud yr un cwrs.
4. Roedd y ddau ohonyn nhw'n bwriadu mynd i Fangor.
5. Dydw i ddim wedi clywed am y naill goleg na'r llall.
6. Mae'r cwrs naill ai'n anodd, neu rydw i'n dwp.
7. Ydych chi chi wedi gweld y myfyrwyr eraill?
8. Rydw i wedi gweld y lleill i gyd.

Adverbs Step 1

Translate these sentences:
1. Mae'r claf yn teimlo'n ofnadwy.
2. Mae'r hen ddyn yn gwella'n araf.
3. Dydy'r meddyg ddim yn codi'n gynnar.
4. Dydy'r nyrs ddim yn gweithio'n gyflym.
5. Mae'r dyn ifanc yn gwenu'n hapus.
6. Maen nhw'n edrych yn flinedig. / Mae golwg flinedig arnyn nhw.
7. Dydy hi ddim yn edrych yn dda. / Does dim golwg dda arni hi.
8. Mae'r meddyg yn gweithio'n galed.

Put appropriate words in the gaps, and mutate where necessary:
1. Roedd y claf wedi gwella'n rhyfeddol.
2. Ar ôl methu â chysgu, roedd e'n edrych yn flinedig iawn.
3. Roedd e'n gyfoethog ar ôl ennill y loteri.
4. Dydy hi ddim yn edrych yn dda ar ôl cael y salwch.
5. Maen nhw wedi codi'n gynnar i weld y wawr.
6. Mae'r plant yn cysgu'n dawel, diolch byth.
7. Mae hi wedi ennill y ras ar ôl rhedeg yn gyflym.
8. Roedd y baban yn gwenu'n llon trwy'r dydd.

Adverbs Step 2

Put appropriate adverbs in the gaps:
1. Mae'r tegell wedi berwi'n sych.
2. Yn anffodus, maen nhw wedi colli'r gêm yn drwm.
3. Mae hi'n bryd i mi siarad yn blwmp ac yn blaen.
4. Mae rhaid i chi ystyried y peth yn ofalus.

5. Rydw i'n cytuno'n llwyr â chi.
6. Maen nhw wedi blino'n lân ar ôl gweithio.
7. Roedd y tŷ wedi llosgi'n ulw.
8. Mae angen paratoi'n drylwyr cyn yr arholiad.

Translate these sentences:
1. Mae rhaid i chi wrando'n astud ar y meddyg.
2. Os ydych chi'n sgorio mwy o bwyntiau, rydych chi'n mynd i ennill yn hawdd.
3. Mae rhaid i ni weithio'n galed yn y ward.
4. Mae'r cleifion i gyd yn cysgu'n drwm.
5. Mae'r nyrs yn cytuno'n llwyr â'r meddyg.
6. Mae hi'n rhoi gormod o dabledi i'r claf.
7. Roedd e wedi blino'n lân ar ôl gweithio trwy'r dydd.
8. Mae'r bwyd wedi llosgi'n ulw.

Adverbs Step 3
Put appropriate words in the gaps:
bore yfory, wedyn, echdoe, erioed, bob amser, toc, eisoes, y llynedd
1. Maen nhw'n mynd i adael y cartref bore yfory.
2. Roedden nhw wedi cyrraedd echdoe.
3. Mae hi'n galw gyda ni, wedyn mae hi'n mynd atoch chi.
4. Mae hi yno ers amser – cafodd hi le yn y cartref y llynedd.
5. Ydych chi erioed wedi bod mewn cartref hen bobl?
6. Mae e bob amser yn cymryd gofal mawr.
7. Ydy hi'n saith o'r gloch yn barod? Fe fyddan nhw yma toc.
8. Mae e eisoes wedi gorffen y gwaith, chwarae teg.

Translate these sentences:
1. Cyrhaeddon nhw neithiwr.
2. Ydyn ni'n mynd i weld y cartref prynhawn yfory?
3. Dydyn ni ddim wedi bwyta'r prynhawn 'ma.
4. Mae hi eisoes wedi gadael y tŷ.
5. Ydy e erioed wedi ymweld â'i ewythr yn yr ysbyty?
6. Dydych chi byth yn mynd i wella.
7. Mae hi'n well eleni na'r llynedd.
8. Dydyn ni ddim yn gweithio yno bellach.

Adverbs Step 4
Put appropriate words in the gaps:
gartref, i ryw raddau, bob yn ddau, ymaith, i gyd, gyferbyn, cynddrwg, adref
1. Ydy Mrs Evans gartref, os gwelwch yn dda?
2. Mae hi'n gallu cerdded adref ar ei phen ei hun.
3. Mae'n rhaid i blismyn gerdded bob yn ddau ar nos Sadwrn.
4. Rydw i wedi dod i fyw gyferbyn â chi.
5. Er bod y bwyd wedi llosgi, dydy'r blas ddim cynddrwg.
6. Mae'r clefyd wedi gwella, i ryw raddau.
7. Fe aeth e ymaith heb ddweud dim.
8. Ydych chi wedi bwyta'r bwyd i gyd?

Translate these sentences:
1. Dydy'r tywydd ddim yn edrych cynddrwg heddiw.
2. Mae rhaid i chi gymryd y tabledi bob yn dri.
3. Roedd y rhaglen drosodd cyn iddyn nhw droi'r teledu ymlaen.
4. Arhoson ni gartref yn ystod y gwyliau.
5. Dydw i ddim yn hoffi'r llun, wel nid cymaint â hynny. / dim cymaint â hynny

40

6. Ydych chi wedi bod i ffwrdd eleni?
7. Rydw i'n teimlo'n llawer gwell ar ôl cymryd y moddion.
8. Welsoch chi'r llyfrau – roedden nhw oddi tano.

Adverbs Step 5

Translate these sentences:
1. Yn anffodus, enillon nhw'r gêm yn hawdd.
2. Arhosodd hi gartref, er ei bod hi'n braf brynhawn ddoe.
3. Aethon ni adref yn gynnar am ein bod ni wedi blino'n lân.
4. Gwrandewch yn ofalus, ac fe fyddwch yn ôl pob tebyg yn gallu gorffen y gwaith.
5. Rydw i'n teimlo'n ofnadwy er fy mod i'n edrych yn well.
6. Doedd y meddyg erioed wedi gweld y symptomau hyn o'r blaen.
7. Ar ôl paratoi'n drylwyr, pasiodd y myfyrwyr yn hawdd.
8. Cyhyd ag y gwn i, mae hi'n dal i fwrw glaw'n drwm.

Put appropriate phrases in the gaps:
1. Dydyn nhw yn gwaethygu (beth bynnag).
2. Dydw i ddim yn credu bod dim o'i le arni hi, (yn bersonol).
3. Clefyd y gwair sydd arnoch chi (yn ôl pob tebyg).
4. Mae'r clefyd yn ddifrifol (yn anffodus).
5. Roedd y nyrs wedi gwneud ei gorau (chwarae teg).
6. Mae'r gwaith ar fin dod i ben, wel (fwy neu lai).
7. (Mewn gwirionedd), does dim syniad gen i.
8. Bydd hi'n gwella (yn y pen draw).

Adverbs Step 6

Put appropriate phrases in these gaps:
ac eithrio, eto i gyd, ar y cyfan, yn y cyfamser, chwaith, gyda llaw, fel rheol, mwyach
1. Rydw i'n hoffi'r bwyd, ac eithrio'r cig moch.
2. Mae hi fel rheol yn cyrraedd y gwaith yn gynnar.
3. Mae'r gwaith wedi ei wneud yn eitha da, ar y cyfan.
4. Roeddwn i ar wyliau, ac yn y cyfamser fe wnaeth hi gawl o bopeth.
5. Roedd hi'n dda yn y cyfweliad, eto i gyd doeddwn i ddim yn siŵr a oedd hi'n haeddu'r swydd.
6. Gyda llaw, beth yw ei henw cyntaf hi?
7. Dydyn nhw byth yn dod yma mwyach.
8. Dydw i ddim wedi gweld y papur, na'r llythyr chwaith.

Translate these sentences:
1. Ydy e fel arfer yn cyrraedd yn gynnar?
2. Rydw i am gael o leiaf un canlyniad da.
3. Dim ond pedair amlen sy gen i ar ôl.
4. Rydw i'n hoffi popeth heblaw teipio.
5. Er gwaethaf hynny, rydw i'n gobeithio cael y swydd.
6. Rydw i'n hwyr o leiaf unwaith yr wythnos.
7. Ydych chi fel rheol yn gwneud y prosesu geiriau yn eich swyddfa?
8. Ar y cyfan, rydw i'n hoffi mynd i'r gwaith.

Adverbs Step 7

Translate these sentences:
1. Dydy hi ddim hanner da.
2. Cyrhaeddodd y trên yn eithaf hwyr.
3. Gadawon nhw'n llawer rhy hwyr.
4. Er bod yr awyren yn gymharol lawn, roedd digon o le gynnon ni.

5. Roedd hi'n eitha hwyr, ond doedd y neuadd ddim chwarter llawn.
6. Mae hi'n llawer rhy hwyr i ddweud ydy hi'n ddigon diogel.
7. Roedd y bwyd yn wirioneddol dda – rydyn ni'n ddiolchgar iawn.
8. Am fod y trên ychydig yn hwyr collon ni'r cysylltiad.

Translate these sentences:
1. Codais i'n llawer rhy gynnar.
2. Es i mewn tacsi oherwydd fy mod i ychydig yn hwyr.
3. Roedd y trên yn hwyr dros ben.
4. Collon ni'r cwch am iddo adael yn rhy gynnar.
5. Roedd hi'n eithaf hwyr felly aethon ni cyn ei bod hi'n rhy dywyll.
6. Rydych chi'n eithaf iawn. Roedd y trên braidd yn araf.
7. Roedd hi'n eithaf cynnar yn y bore, ac roedd yr haul yn codi'n araf iawn.
8. Dechreuodd y daith yn gyflym iawn, ond roedd y traffig yn eithaf araf wedyn.

Numerals Step 1

Fill the gaps with words:
1. Mae [dwy ferch] wedi cael eu lladd heddiw mewn damwain rhwng [dau drên] yng Nghasnewydd.
2. Mae [tri deg tri o bobl] wedi cael eu hanafu'n ddifrifol.
3. Mae [dau ddeg dau o ddynion] a [chwe menyw] yn yr ysbyty.
4. Mae nifer y di-waith yng Nghymru wedi codi i naw deg wyth mil, pum cant pedwar deg tri.
5. Mae hyn bedair mil dau gant a chwech yn fwy na'r mis diwethaf.
6. Mae dwy fil tri chant a phedwar o bobl wedi colli eu gwaith yn y diwydiant dur yn ystod y mis.
7. Mae Cynulliad Cymru'n gobeithio denu pum mil pum cant o swyddi newydd i Gymru yn ystod y flwyddyn.
8. Mae adroddiad heddiw yn dweud bod wyth deg saith y cant o fyfyrwyr Cymru'n yfed gormod.

Give words for these rugby results:
1. Llanelli tri deg chwech   Pontypridd un deg chwech
2. Caerdydd naw deg wyth   Wasps un deg chwech
3. Abertawe pum deg tri   Northampton dau ddeg naw
4. Harlequins saith deg dau   Sale tri deg pump
5. Castell-nedd un deg naw   Casnewydd un deg pump
6. Caerloyw pedwar deg chwech   Caerfaddon dau ddeg wyth
7. Glynebwy dau ddeg tri   Toulouse un deg saith
8. Pen-y-bont dau ddeg naw   Toulon un deg wyth

Numerals Step 2

Give the opening and closing times of the bank in words:
1.	Llun	ugain munud wedi naw – pum munud ar hugain wedi deuddeg
		pum munud ar hugain i ddau – hanner awr wedi pedwar
2.	Mawrth	chwarter wedi naw – ugain munud wedi deuddeg
		pum munud ar hugain wedi un – ugain munud i bump
3.	Mercher	ugain munud wedi deg – deg munud i un
		deg munud i ddau – pum munud ar hugain i bump
4.	Iau	pum munud wedi deg – chwarter i un
		ugain munud i ddau – deg munud i bump
5.	Gwener	pum munud wedi naw – hanner awr wedi deuddeg
		hanner awr wedi un – ugain munud wedi pump
6.	Sadwrn	deg o'r gloch – hanner awr wedi deuddeg

Give these amounts in words:

1.	£1.83	un bunt wyth deg tair ceiniog
2.	£12.45	deuddeg punt pedwar deg pum ceiniog
3.	£18.31	deunaw punt tri deg un ceiniog
4.	£20.15	ugain punt pymtheg ceiniog
5.	£17.20	dwy bunt ar bymtheg ugain ceiniog
6.	£16.12	un bunt ar bymtheg deuddeg ceiniog
7.	£25.50	pum mund ar hungain hanner can ceiniog
8.	£45.90	pedwar deg pum punt naw deg ceiniog

Numerals Step 3

Translate these sentences:
1. Mae e'n ddeuddeng mlwydd oed.
2. Rydw i wedi bod yn aros ers dwy flynedd.
3. Roedd e'n byw yma deng mlynedd yn ôl.
4. Mae hi'n bum mlynedd ers i mi fod yma.
5. Faint o bobl oedd yn siarad Cymraeg ugain mlynedd yn ôl?
6. Roedd rhaid iddo aros un mlynedd ar ddeg am lawdriniaeth.
7. Mae'r gwin o leiaf yn saith mlwydd oed.
8. Ble oeddet ti ddeunaw mlynedd yn ôl?

Correct these sentences:
1. Roeddwn i yng Nghaerdydd bum mlwyddyn yn ôl.
2. Mae e'n byw yma ers naw mlynedd.
3. Ydych chi'n gwybod ei bod hi'n saith mlwydd oed?
4. Daeth hi yma ugain mlynedd yn ôl.
5. Mae'r gwin yma tua chwe blwydd oed.
6. Roedd e'n credu bod ei wraig yn un mlynedd ar hugain oed.
7. Roedd hi'n bum mlwydd oed pan aeth hi i'r ysgol.
8. Mae e'n dysgu yn yr ysgol ers deng mlynedd ar hugain.

Numerals Step 4

Write these:

1.	pump a saith wythfed	$5\,^7/_8$
2.	chwech a thri chwarter	$6\,^3/_4$
3.	tri a phedair rhan o naw	$3\,^4/_9$
4.	deg ac un rhan o saith	$10\,^1/_7$
5.	tri a chwarter	$3\,^1/_4$
6.	wyth a phum rhan o chwech	$8\,^5/_6$
7.	dau ddeg un ac wyth rhan o naw	$21\,^8/_9$
8.	saith a dau draean	$7\,^2/_3$

Translate these sentences:
1. Gofynnais i am hanner peint a chefais i beint llawn.
2. Dydy e ddim wedi bwyta traean o'r bwyd.
3. Rydyn ni'n mynd i wneud elw ar hanner y cwsmeriaid.
4. Dydy wythfed ran o'r botel ddim wedi ei hyfed.
5. Byddwn ni'n gwneud elw o wythfed ran, os ydyn ni'n lwcus.
6. Mae hi'n dweud bod chweched ran o'r byrddau'n wag.
7. Mae dau draean o'r cig moch ar ôl. / ...yn weddill
8. Tri chwarter pwys o flawd, os gwelwch yn dda.

Numerals Step 5

Fill the gaps in these sentences:
1. Fe ganwn yr ail emyn yn y llyfr.
2. Fe ddarllenwn o ail lythyr Paul at y Corinthiaid.
3. Dyma'r seithfed adnod o'r bedwaredd bennod.
4. Ydych chi wedi darllen llythyr cyntaf Paul at y Rhufeiniaid?
5. Rydw i'n hoffi'r wythfed salm.
6. Ydych chi wedi darllen y nawfed bennod o Genesis?
7. Ydy hanes geni'r Iesu yn yr wythfed bennod o Efengyl Mathew?
8. Gwrandewch ar eiriau'r proffwyd yn y bedwaredd bennod, a'r bumed adnod.

Translate these sentences:
1. Roedd y chweched cwestiwn yn anodd iawn.
2. Mae e'n darllen yr ail bennod yn lle'r bedwaredd.
3. Rydyn ni'n canu'r seithfed emyn, nid y degfed.
4. Ydych chi wedi darllen wythfed bennod o Genesis?
5. Rydyn ni'n astudio'r bedwaredd salm.
6. Hi oedd yr ail berson i ateb y cwestiwn yn anghywir.
7. Fi oedd y cyntaf i gyrraedd.
8. Wnewch chi droi i'r bumed pennod?

Numerals Step 6

Note the date:
1. Mae Gwilym yn dathlu ei ben blwydd ar y pedwerydd ar ddeg o Ionawr.
2. Mae Nona'r dathlu ei phen blwydd ar y pedwerydd ar bymtheg o Fawrth.
3. Mae Mari'n dathlu ei phen blwydd ar y degfed ar hugain o Fai.
4. Mae Meryl yn dathlu ei phen blwydd ar y deunawfed o Fehefin.
5. Mae Shaun yn dathlu ei ben blwydd ar y trydydd ar hugain o Orffennaf.
6. Mae Gaynor yn dathlu ei phen blwydd ar yr wythfed ar hugain o Fedi.
7. Mae Lee'n dathlu ei ben blwydd ar y pymthegfed o Dachwedd.
8. Mae Gwydion yn dathlu ei ben blwydd ar yr unfed ar bymtheg o Ragfyr.

Translate these sentences:
1. Mae ei ddeunawfed pen blwydd e yfory.
2. Rydyn ni'n dathlu deugeinfed pen blwydd ein priodas.
3. Ydyn nhw'n gobeithio dathlu ei unfed pen blwydd ar hugain?
4. Y pedwerydd ar hugain o Awst ydy hi heddiw.
5. Rydyn ni'n mynd yno ar y pedwerydd ar bymtheg o Fehefin.
6. Mae'r Nadolig ar y pumed ar hugain o Ragfyr eleni.
7. Pa ddydd yw'r bedwerydd ar ddeg o Fai?
8. Mae e'n ymddeol ar ôl chwarae ei hanner canfed gêm i Gymru.

Clauses Step 1

Translate these sentences:
1. Os ydy hi'n bwrw glaw, dydw i ddim yn mynd.
2. Rydw i'n credu bod y parti'n dechrau am saith o'r gloch.
3. Mae hi'n hoffi wyau ond dydy hi ddim yn hoffi cig moch.
4. Rydw i'n nabod y myfyriwr sy'n trefnu'r parti.
5. Dydyn ni ddim yn siŵr ydy Jane yn gallu mynd.
6. Rydw i'n gyrru oherwydd ei bod hi'n byw yn Abergwaun.
7. Mae Mary'n yfed am ei bod hi ddim yn gyrru.
8. Darllenwch y llyfr neu ewch i weld y ffilm.

Write the main clause of these sentences:
1. Dydw i ddim yn mynd.
2. Rydw i'n credu.
3. Mae Kay'n yfed.
4. Bydd hi'n dod gyda ni.
5. Ydych chi'n gwybod?
6. Dydyn ni ddim yn siŵr.
7. Rydw i'n nabod y ferch.
8. Rydw i'n gallu yfed.

Clauses Step 2

Change these sub-clauses into the negative:
1. Rydw i'n gwybod bod y merched ddim yn gallu canu.
2. Roeddwn i'n credu bod y casét ddim yn dda.
3. Rydyn ni'n credu bod y gân ddim yn ddiflas.
4. Dydw i ddim yn credu bod y band ddim yn dda.
5. Ydych chi'n credu bod y band ddim wedi canu'n dda?
6. Ydych chi'n gwybod bod y band ddim wedi canu ar y teledu neithiwr?
7. Rydyn ni'n credu bod y ferch ddim wedi perfformio'n dda.
8. Mae Huw'n gobeithio bod y merched ddim yn mynd i'r parti.

Correct these sentences:
1. Ydych chi wedi clywed fod y disgo'n dechrau am ddeg?
2. Maen nhw'n gwybod bod y record yn boblogaidd iawn.
3. Rydw i'n credu bod llais y ferch yn hyfryd.
4. Mae'r gitarydd yn poeni bod y neuadd yn llawn.
5. Ydych hi'n credu ei bod hi'n gallu canu?
6. Rydw i wedi clywed fod dim band byw yno heno.
7. Maen nhw'n credu fod y band ddim yn gallu chwarae'n dda iawn.
8. Roedd hi'n siŵr fod y disgo ddim yn dechrau am wyth.

Clauses Step 3

Put a pronoun instead of a noun in these sentences:
1. Roeddwn i'n gwybod ei fod e'n actio yn y ffilm.
2. Wyt ti'n gwybod ei bod hi ar y teledu heno?
3. Rydw i'n siŵr ei fod e'n actio yn y ddrama.
4. Doedden ni ddim yn credu ei fod e'n edrych yn realistig.
5. Dydw i ddim yn credu eu bod nhw'n gallu actio.
6. Ydych chi'n gwybod eu bod nhw'n gwneud ffilm arall?
7. Rydw i'n credu eu bod nhw'n ddiflas.
8. Ydych chi'n gwybod ei bod hi'n gorffen yn drist?

Translate these sentences:
1. Rydw i'n siŵr bod pum actor yn y ddrama.
2. Ydych chi wedi clywed ei bod hi ddim yn actio yn y ffilm?
3. Rydyn ni'n gobeithio ei bod hi'n actio heno.
4. Mae hi'n gwybod ei bod hi ddim yn gallu actio'n dda.
5. Roeddwn i'n gwybod bod y ffilm yn gyffrous.
6. Ydych chi wedi clywed ei bod hi yn y sinema'r wythnos hon? / ei fod e
7. Rydyn ni'n credu eu bod nhw'n ffilmio yn Eryri.
8. Roedden nhw'n credu ei bod nhw wedi ei gweld hi o'r blaen. / wedi ei weld e

Join these sentences with 'bod':
1. Rydw i'n gwybod bod Huw'n dost.

2. Rydw i'n credu ei bod hi'n dost.
3. Mae e'n credu ei fod e wedi cael annwyd.
4. Rydyn ni'n siŵr ein bod ni wedi gweld y meddyg.
5. Maen nhw'n gwybod bod y meddyg wedi galw.
6. Mae hi'n credu ei bod hi'n mynd i'r parti heno.
7. Ydych chi'n gwybod ei bod hi'n dod adre yfory?
8. Ydych chi wedi clywed ei fod e wedi bod yn dost?

Clauses Step 4
Translate these sentences:
1. Dydw i ddim yn nabod y dyn sy wedi ennill y loteri.
2. Ydych chi'n nabod y bobl sy wedi colli popeth?
3. Roeddwn i wedi darllen am y fenyw sy wedi dod allan o'r carchar.
4. Mae Frank, sy'n frawd i Jim, yn y carchar yn awr.
5. Dydyn nhw ddim yn gwybod beth sy'n iawn a beth sy'n anghywir.
6. Mae'r ysgrifenyddes, sy'n awr yn yr ysbyty, yn gwella.
7. Mae hi'n nabod y ferch oedd ar y teledu.
8. Dydyn ni ddim wedi clywed am y myfyrwyr oedd yn y parti.

Correct these sentences:
1. Rydw i'n nabod y dyn sy'n nyrs yn yr ysbyty.
2. Ydych chi'n gwybod am y ferch sy'n gweithio yn y llys?
3. Roedd hi'n gyrru'r car oedd yn y ddamwain.
4. Mae hi wedi clywed am y dynion nad oedden nhw ar streic. / nad oeddynt
5. Roedden nhw'n sefyll wrth y fenyw oedd newydd ddod o'r siop.
6. Rydw i'n gweithio gyda'r bobl oedd wedi bod yn y carchar.
7. Ydych chi wedi clywed am yr athrawes fydd yn ein dysgu ni?
8. Roeddwn i'n helpu'r myfyrwyr fydd yn mynd i'r coleg y flwyddyn nesaf.

Clauses Step 5
Translate these sentences:
1. Rydw i'n hoffi'r stori achos bod y cymeriadau'n realistig.
2. Dydw i ddim yn hoffi'r ffilm achos bod y stori ddim yn gyffrous.
3. Roedden ni'n cysgu cyn i'r ddrama orffen.
4. Gadawon nhw ar ôl yr act gyntaf am fod yr actio'n wael. / achos bod…
5. Er ei bod hi'n anhygoel, mae'r nofel yn dda. / yn anhredadwy…
6. Dydyn nhw ddim wedi ei ddarllen e, er eu bod nhw'n ei astudio fe.
7. Roedd y diwedd yn annisgwyl, er bod y cefndir yn ddiflas.
8. Doeddwn i ddim yn hoffi'r ffilm am ei bod hi'n ddi-liw. / achos ei bod hi…

Correct these sentences:
1. Mae hi'n hoffi'r stori er ei bod hi ddim yn gyffrous iawn.
2. Roeddwn i'n darllen y nofel oherwydd fy mod i wedi gweld y ffilm.
3. Dydw i ddim yn hoff iawn o'r diwedd, er ei fod e'n gyffrous.
4. Roedden ni'n cysgu erbyn bod y ffilm yn gorffen.
5. Roeddwn i'n hoffi'r llyfr, er dydw i ddim yn ei hoffi e.
6. Roedd hi'n aros nes bod pawb wedi mynd.
7. Rydw i wedi darllen y stori, oherwydd bod y cymeriadau'n lliwgar.
8. Dydyn ni ddim yn hoffi'r cefndir am ei fod e'n anghredadwy.

Clauses Step 6
Translate these sentences:
1. Roedd hi'n rhy hwyr ar ôl i'r lorri ein taro ni.
2. Beth oeddech chi'n ei wneud cyn i'r car adael yr heol?

3. Pam throioch chi ddim wrth iddo ddod tuag aton ni? / … na throioch chi
4. Croesodd hi'r heol heb weld y car.
5. Aethon nhw â hi at y meddyg er mwyn iddi hi allu cael triniaeth.
6. Aethon ni i'r ysbyty rhag ofn bod rhywbeth wedi torri.
7. Ffoniodd Huw adre am ei fod e'n mynd i fod yn hwyr.
8. Efallai i chi glywed am y ddamwain. / Efallai eich bod chi wedi clywed…

Join these sentences:
1. Roedd hi'n bwrw glaw erbyn i ni gyrraedd.
2. Roedd hi'n hanner awr wedi wyth cyn i'r ambiwlans gyrraedd.
3. Rydw i'n rhoi rhwymyn am ei goes rhag ofn ei bod hi'n gwaedu.
4. Aethon ni â Jane at y meddyg er mwyn iddo edrych ar y clwyf.
5. Fe yrrodd y lorri aton ni heb i'r gyrrwr ein gweld ni.
6. Roedd hi'n dechrau tywyllu cyn i'r meddyg gyrraedd.
7. Erbyn i ni yrru yno roedd hi'n rhy hwyr.
8. Roedd hi wedi cael ei hanafu'n gas ar ôl i'r car ei tharo hi.

Clauses Step 7

Fill the gaps in these sentences:
1. Rydyn ni wedi clywed y bydd y gwaith yn agor y flwyddyn nesaf.
2. Mae'r cwmni wedi dweud y byddan nhw'n cau'r gwaith.
3. Ydych chi wedi clywed y bydd y ffatri'n cau?
4. Rydyn ni'n ofni y bydd llawer o bobl heb waith.
5. Rydyn ni'n gobeithio y byddwn ni'n denu'r ffatri i Gymru.
6. Mae perygl y bydd diweithdra'n cynyddu.
7. Mae e'n siŵr y bydd y cwmni'n buddsoddi arian mawr yn y gwaith.
8. Mae'r llywodraeth yn gobeithio y daw'r gwaith i Gymru.

Link these sentences with 'na':
1. Rydw i'n credu na ddaw'r ffatri i Lanidloes.
2. Rydyn ni'n gobeithio na fydd diweithdra'n codi.
3. Roedden ni'n credu na fyddai llawer o bobl yn ddi-waith.
4. Ydych chi wedi clywed na chaiff Amlwch y gwaith?
5. Rydyn ni'n ofni na fyddwn ni'n cael gwaith.
6. Roedden ni wedi ofni na fydden ni'n dod yn ôl i Gymru.

Translate these sentences:
1. Rydyn ni wedi clywed fydd y cwmni ddim yn dod í Gymru. / … na fydd y …
2. Addawodd e y byddai'n gwneud popeth i ddenu'r ffatri.
3. Ydych chi'n siŵr y byddwch chi'n cael y grantiau?
4. Roeddwn i'n gwybod fydden nhw ddim yn codi pris petrol. / na fydden nhw'n …
5. Roedd y cwmni'n gobeithio fyddai trethi ddim yn codi eto. / na fyddai trethi'n …
6. Roedden nhw'n gobeithio fyddai dim rhaid iddyn nhw symud o'r ardal. / … na fyddai raid…
7. Mae perygl bob amser y bydd diweithdra'n codi.
8. Roedd hi'n gobeithio fyddai'r dref ddim yn dioddef. / na fyddai'r dref yn …

Clauses Step 8

Complete these sentences, using 'i + enw + berfenw':
1. Rydw i'n credu i'r Blaid Binc ennill.
2. Ydych chi wedi clywed iddo fe golli'r etholiad?
3. Maen nhw'n dweud iddi hi ennill yn hawdd.
4. Roeddwn i'n siŵr i'r Blaid Wen golli.
5. Rydyn ni wedi clywed iddyn nhw ennill yr etholiad.

6. Rydw i'n gobeithio i chi lwyddo yn yr etholiad.
7. Mae'r papur yn dweud iddo fe ddod yn ail.
8. Rydyn ni'n credu i'r Prif Weinidog golli ei sedd.

Change these sentences to direct speech, e.g.
Mae e'n dweud, "rydyn ni wedi ennill."   >   Mae e'n dweud iddyn nhw ennill.
1. Roedd e wedi dweud i'r Blaid Wen ennill deg sedd.
2. Dywedodd y Prif Weinidog iddyn nhw ennill yr etholiad yn hawdd.
3. Roedd hi'n datgan na chollon nhw un sedd.
4. Roedd hi'n honni i'r pleidiau eraill golli mwy na nhw.
5. Roedd arweinydd y Blaid Wen yn dweud na chollodd ei sedd.
6. Dywedodd Mr Alun Morris iddo gadw ei sedd yn hawdd.
7. Dywedodd yr arweinydd na newidion nhw eu polisïau o gwbl.
8. Meddai'r Prif Ysgrifennydd na ddaeth y problemau i ben.

Clauses Step 9
Complete these sentences:
1. Ydych chi'n siŵr mai Huw welsoch chi?
2. Rydw i'n credu mai Huw welais i neithiwr.
3. Oeddech chi'n credu mai Siân oedd yn sefyll wrth y tŷ?
4. Rydw i'n gwybod mai hi oedd yno.
5. Ydych chi'n dweud mai gorila oedd yn gyrru'r car?
6. Wel, rydw i'n credu mai hi welais i.

Change the sub-clause into the negative:
1. Rydw i'n credu nad Huw welais i.
2. Mae hi'n siŵr nad Siân oedd yno.
3. Ydych chi'n gwybod nad John fuodd yno?
4. Rydw i bron yn siŵr nad Jeremy ddaeth adre gyntaf.
5. Ydych chi'n credu nad hi oedd y ferch?
6. Rydw i'n gwybod nad hi yw'r un.

Translate these sentences:
1. Ydych chi wedi clywed ai Siân oedd yn y llys?
2. Doedden ni ddim yn gwybod a oedd hi'n euog ai peidio. / ... neu beidio ...
3. Rydw i'n siŵr mai merch oedd yn sefyll wrth y tŷ.
4. Sut gallwch chi fod yn siŵr mai car welsoch chi?
5. Dydw i ddim yn credu mai Sean oedd yr arweinydd.
6. Rydw i'n siŵr nad fe oedd y dyn welais i ddoe.
7. Dydyn ni ddim yn gwybod sut daethon nhw i'r llys.
8. Ydych chi'n gallu cofio a gawsoch chi rywbeth i'w yfed?
9. Dydw i ddim yn cofio oedd hi'n bwrw glaw ai peidio. /... neu beidio ...
10. Ydych chi'n gwybod sawl blwyddyn gafodd e?

Clauses Step 10
Translate these sentences:
1. Mae e'n gweithio i'r cwmni enillodd y cytundeb.
2. Ydych chi wedi gweld y ferch ofynnodd am fap?
3. Yn y stryd hon mae tŷ bach a adeiladwyd gan ffermwr. / ... tŷ bychan
4. Ydych chi'n nabod yr awdur ysgrifennodd y llyfr?
5. Rydw i'n cofio'r parti orffennodd ddim tan ganol nos.
6. Arhosais i yn y gwesty oedd ddim wedi ei orffen. / ... nad oedd wedi ei orffen.
7. Ydych chi'n ymweld â'r eglwys adeiladon nhw'r llynedd?
8. Roedden nhw'n gweithio yn y ffatri gaeodd yr wythnos hon.

Join these sentences with 'a' or 'na':
1. Dyma'r tŷ a gafodd ei adeiladu gan y bobl eu hunain.
2. Ydych chi wedi gweld y castell a gafodd ei ddistrywio gan Owain Glyndŵr.
3. Rydw i'n hoffi'r theatr a gafodd ei chodi yn y ganrif ddiwethaf.
4. Rydyn ni'n byw yn y stryd na chafodd ei hadnewyddu gan y cyngor.
5. Ydych chi'n hoffi'r papur wal na phrynon ni. /... mohono fe.
6. Mae hi wedi ymweld â'r ddinas a gafodd ei chwalu yn y rhyfel.
7. Welsoch chi'r pentref nad enillodd y wobr am harddwch. /...mo'r wobr
8. Roedd Janet yn hoffi'r bachgen na fuodd yn y coleg.

Clauses Step 11

Translate these sentences:
1. Menyw yw'r bòs – Ie.
2. Fan hyn maen nhw'n byw. – Ie.
3. Maen nhw'n byw fan hyn. – Ydyn.
4. Heno rydyn ni'n cyrraedd. – Nage.
5. Rydyn ni'n cyrraedd heno. – Ydyn.
6. Mae'r caffe yma'n oer iawn. – Ydy, mae.
7. Fydd hi ddim yn dod 'nôl. – Na fydd, fydd hi ddim.
8. Cwyno oedd hi? – Oedd/Ie.

Translate these sentences:
1. Mae'r bwyd yma wedi cael ei aildwymo. Nac yw, dyw e ddim. / Nac ydy, dydy e ddim.
2. Dydy'r pwll nofio yma ddim yn fawr iawn. Ydy, mae e.
3. Heno rydyn ni am gael bwyd. Nage – yfory.
4. Dyma'r bil – talu â cherdyn ydych chi? Ie, diolch.
5. Cleren sy yn fy nghawl. Nage, dim ond malwen ydy hi.
6. Llosgon nhw fy nghig. Do fe?
7. Roion nhw ddim saws ar y bwrdd. Naddo fe?
8. Roedd dewis da ar y fwydlen hen. Dyna syndod!

Clauses Step 12

Translate these sentences:
1. Ydych chi wedi gweld y tŷ fyddwn ni'n ei rentu?
2. Ble mae'r llyfr oeddwn i'n ei ddarllen?
3. Dydw i ddim yn gallu dod o hyd i'r geiriadur roeddech chi wedi ei brynu.
   /... ffeindio'r ...
4. Porc ydy'r unig gig dydw i ddim yn ei hoffi.
5. Dyma'r llyfrgell dydy e ddim wedi ei gweld eto. / ... nad ydy e wedi ei weld ...
6. Gorffennodd hi'r traethawd doedd hi ddim wedi ei orffen ddoe. / ... nad oedd hi
   wedi ...
7. Dyma'r adran mae e'n ei chasáu.
8. Rydyn ni'n hoffi'r ffrindiau roedd hi wedi eu gweld.

Join these sentences:
1. Fe ydy'r darlithydd roeddwn i'n ei gasáu.
2. Ydych chi wedi gweld y llyfr roeddwn i wedi ei fenthyg?
3. Mae hi'n mynd i'r fflat y bydd hi'n ei rentu y flwyddyn nesaf.
4. Maen nhw wedi gorffen y traethawd dydw i ddim wedi ei wneud. /
   ... nad ydw i wedi ei wneud.
5. Fuoch chi yn y coleg y bues i'n astudio ynddo?
6. Mae hi'n hoffi'r bar y mae'r myfyrwyr i gyd yn mynd iddo.
7. Dyma f'ystafell wely rydw i wedi ei glanhau.
8. Hwn yw'r llyfr y byddwn ni'n ei ddarllen eleni.

Clauses Step 13

Translate these sentences:
1. Ydych chi wedi cwrdd â'r dyn y mae ei wraig yn gweithio yn Llandudno?
2. Rydyn ni'n nabod y ferch y mae e'n ysgrifennu ati.
3. Ble gwelsoch chi'r plant roedd eu rhieni ar y traeth? / … yr oedd eu …
4. Dyma'r bobl y siaradon ni amdanyn nhw.
5. Fe ydy'r dyn doeddech chi ddim yn gas wrtho fe. / … nad oeddech chi'n …
6. Ydych chi'n cofio'r fenyw y rhedodd ei gŵr i ffwrdd?
7. Dyma fy ffrind yr anfonoch chi anrheg ato fe.
8. Pwy yw'r perthynas yr anghofioch chi ei ben blwydd?

Correct these sentences:
1. Fe yw'r dyn a welon ni yn y dref. / … dyn welon ni …
2. Ydych chi'n nabod y fenyw a oedd yn gyrru'r car? / … oedd yn …
3. Pwy yw'r plant yr anfonon ni anrheg atyn nhw?
4. Dyma fy ffrind a ddaeth adref gyda fi.
5. Rydyn ni'n mynd i ymweld â menyw yr oedd ei gŵr hi'n dost.
6. Edrychwch ar y traeth a oedd yn llawn o bobl yn y prynhawn.
7. Rydw i wedi darllen y llyfr y siaradoch chi amdano fe.
8. Welsoch chi'r plentyn yr oedd hi'n gas wrtho?

Clauses Step 14

Translate these sentences:
1. Erbyn iddo gyrraedd, bydd terfysg.
2. Dylen ni fynd tra bod lle yn y bws.
3. Bydd hi'n siomedig os dydw i ddim yn aros heno. / … os nad arhosaf i heno
4. Gadawon nhw cyn i bethau ddechrau mynd o le.
5. Allwch chi ddal y poster yma nes y bydd y brotest yn gorffen?
6. Bydd Siân yn barod i gymryd rhan pryd bynnag y mae protest.
7. Mae e'n aros yma nes y bydd hi'n tywyllu.
8. Aethon nhw adref pan gyrhaeddodd y trên.

Translate these sentences:
1. Mae Cymru'n wlad ddymunol, fryniog ac mae'n denu twristiaid o bob rhan o'r byd.
2. Mae'r hinsawdd yng Nghymru yn tueddu i fod yn wlyb ond mae'r wlad yn elwa o'r glaw.
3. Gan fod rhannau Cymraeg Cymru yn ardaloedd mwyaf prydferth y wlad, mae rhaid cymryd camau i ddiogelu'r iaith yn yr ardaloedd hyn.
4. Er gwaetha'r arian sy'n cael ei wario ar hysbysebu, dydy'r nifer o dwristiaid sy'n dod i Gymru ddim yn cynyddu.
5. Dywedodd cadeirydd Bwrdd Croeso Cymru y byddai'n pwysleisio Cymreictod Cymru yn yr ymgyrch hysbysebu nesaf.
6. Pryd bynnag rydych chi'n meddwl am gael gwyliau tramor, meddyliwch am y nifer fawr o leoedd prydferth yng Nghymru dydych chi ddim wedi eu gweld.
7. Er bod y cestyll yng Nghymru wedi cael eu hadeiladu'n bennaf gan ymosodwyr estron, maen nhw'n awr yn rhan o olygfeydd Cymru.
8. Pe bai gwestai yng Nghymru'n gallu darparu gwasanaeth rhatach, byddai llawer mwy o bobl yn ymweld â'r wlad.
9. Oherwydd nad oes llawer o reilffyrdd yng Nghymru, mae'r heolydd yn tagu yn yr haf. / … yn orlawn yn yr haf.
10. Yn anffodus, mae'r wlad yn denu carafannau y mae eu perchenogion wedi prynu eu bwyd a'u petrol yn Lloegr.
11. Mae crefftau Cymreig yn cael eu cynhyrchu'n bennaf gan estroniaid sydd wedi cwympo mewn cariad â'r syniad o ffordd hen-ffasiwn o fyw.
12. Wrth ymweld ag ardal yn eu cannoedd, mae twristiaid yn difetha prydferthwch y mannau y maen nhw'n ymweld â nhw.

Correct these sentences:
1. Fe fydden nhw'n mynd adre pe bai hi'n bwrw glaw.
2. Eisteddon nhw ar y stryd pan ddechreuodd yr heddlu gyrraedd.
3. Mae hi'n bwriadu mynd os bydd ei chariad yno.
4. Pan aeth e i'r dre, roedd y brotest wedi dod i ben.
5. Dylech chi fynd i'r coleg tra cewch chi gyfle.
6. Rydw i eisiau dysgu gyrru cyn y bydd hi'n rhy hwyr.
7. Fe gawn ni barti os oes bwyd ar ôl.
8. Pe awn i heno, fyddwn i ddim yn gallu mynd yfory.

Clauses Step 15
Change the sentence by emphasising the subject:
1. Fi gymerodd yr arian.
2. Ti gafodd y cyfan.
3. Hi wastraffodd y bwyd.
4. Y plant ddaeth adre.
5. Y dynion yrrodd yn gyflym
6. Fe sy yma.
7. Y lladron oedd wedi dwyn yr offer.
8. Y merched aeth i swyddfa'r heddlu.

Emphasise the subject in these sentences and make the sentences negative:
1. Nid fi sy'n cyhuddo'r plant.
2. Nid y bechgyn sy wedi ennill.
3. Nid y merched fuodd yn ffodus.
4. Nid y myfyrwyr aeth i sgio.
5. Nid dau fachgen oedd wedi dwyn yr arian.
6. Nid yr arian oedd ar y bwrdd.
7. Nid y disgyblion redodd o'r siop.
8. Nid yr heddlu sy wedi dal y lladron.

Clauses Step 16
Emphasise the time element in these sentences:
1. Ddoe collon nhw'r gêm.
2. Ym mis Ionawr roedden nhw ar ben y tabl.
3. Y llynedd enillon nhw'r cwpan.
4. Y flwyddyn nesaf byddan nhw'n cystadlu.
5. Y bore 'ma roedd y gystadleuaeth.
6. Yn y funud gyntaf sgoriodd.
7. Heno mae'r gêm ar y teledu.
8. Ym mis Rhagfyr aethon ni i weld y gêm.

Emphasise the object in these sentences:
1. Dau gais sgoriodd Abertawe.
2. Dwy gêm welais i y llynedd.
3. Un gêm chwaraeon nhw yn ein herbyn ni.
4. Dau docyn brynodd hi i weld y gêm.
5. Caernarfon welodd e yn chwarae yn y gwyliau.
6. Milltir redodd hi yn gyflym iawn, ond arafu wedyn.
7. Y tîm lleol rydw i'n ei gefnogi.
8. Y bachgen fydda i'n ei ddalu nos yfory.

Clauses Step 17

Translate these sentences:

1. Byddwn i'n barod nawr pe bait ti wedi paratoi pryd.
2. Byddet ti wedi priodi, pe byddet ti wedi cael baban.
3. Pe bawn i'n dweud 'na', fyddet ti'n aros i fi?
4. Byddai hi wedi bod yn ddoethach pe bai hi wedi byw gydag e.
5. Pe baen ni'n priodi, ble bydden ni'n prynu tŷ?
6. Pe baen ni'n priodi, bydden nhw'n dathlu.
7. Pe bai e'n ei charu hi, fyddai hi ddim yn dweud na.
8. Pe bai e ddim yn gyfoethog, fyddwn i ddim yn ei briodi e.

Translate these sentences:

1. Byddwn i'n prynu geiriadur newydd pe bawn i'n colli'r un yma.
2. Oni bai am y darlithydd, byddai hi wedi methu'r arholiadau.
3. Fyddech chi'n gweithio mewn bar, pe baech chi'n cael cynnig y swydd?
4. Ddoe roedd y gêm ar y teledu, nid heddiw.
5. Pum punt gollon nhw, nid pum deg. / ... nid hanner cant
6. Aled gariwyd i lawr y mynydd.
7. Y ffilm roeddwn i'n ei hoffi, nid y nofel.
8. Pe bai hi'n heulog, bydden ni'n mynd i'r traeth.